DA FRUSTRAÇÃO
À REALIZAÇÃO

MARCELO BIGARDI

DA FRUSTRAÇÃO

PASSOS PARA EVITAR O ESTRESSE E A DECEPÇÃO

À REALIZAÇÃO

Rio de Janeiro, 2019

Copyright © 2019 por Marcelo Bigardi
Todos os direitos desta publicação reservados por Vida Melhor Editora LTDA.

PUBLISHER	*Samuel Coto*
EDITORES	*André Lodos e Bruna Gomes*
EDIÇÃO DE TEXTO	*Fábio Ricardo Gioppo*
COPIDESQUE	*Patrícia Garcia*
REVISÃO	*Jean Xavier*
CAPA	*Rafael Brum*
DIAGRAMAÇÃO	*Julio Fado*

Os pontos de vista desta obra são de total responsabilidade de seu autor, não refletindo necessariamente a posição da Thomas Nelson Brasil, da HarperCollins Christian Publishing ou de sua equipe editorial.

As citações bíblicas são da *Almeida Revista e Atualizada (ARA)*, a menos que seja especificada outra versão da Bíblia Sagrada.

Dados Internacionais de Catalogação na Publicação (CIP)
Angélica Ilacqua CRB-8/7057

B49f
   Bigardi, Marcelo
     Da frustração à realização : passos para evitar o estresse e a decepção / Marcelo Bigardi. — Rio de Janeiro : Thomas Nelson Brasil, 2019.
     176 p.

   ISBN 978-85-6699-788-0

   1. Vida cristã 2. Stress (Psicologia) 3. Técnicas de autoajuda 4. Autorrealização I. Título

19-1547   CDD 158.1
                CDU 159.9

Thomas Nelson Brasil é uma marca licenciada à Vida Melhor Editora LTDA.
Todos os direitos reservados à Vida Melhor Editora LTDA.
Rua da Quitanda, 86, sala 218 – Centro
Rio de Janeiro, RJ – CEP 20091-005
Tel.: (21) 3175-1030
www.thomasnelson.com.br

SUMÁRIO

Introdução 7

Capítulo 1 – Jamais se compare 13

Capítulo 2 – Jamais coloque sua expectativa nas pessoas 29

Capítulo 3 – Combata a ansiedade 45

Capítulo 4 – Aprenda a parar e pensar antes de agir 57

Capítulo 5 – Aprenda a hora de falar e a hora de calar 69

Capítulo 6 – Respeite seus limites 81

Capítulo 7 – Encontre seu propósito de vida 93

Capítulo 8 – Não tenha medo de ficar sozinho 107

Capítulo 9 – Não transforme sonhos em pesadelos 119

Capítulo 10 – Entenda o propósito de suas finanças 133

Capítulo 11 – Entenda o propósito da sua história 149

Capítulo 12 – Entenda a importância e o valor do tempo 159

Conclusão 171

INTRODUÇÃO

Estamos vivendo em uma época delicadíssima, tempo em que não são poucas as pessoas que estão sofrendo do chamado "mal do século", o estresse e a frustração. Então, vem a pergunta: Por que, muitas vezes, nos estressamos e nos frustramos na vida? Isso se dá, a meu ver, porque sempre temos muitas coisas a fazer e cada vez menos tempo para realizá-las.

A vida nos pressiona de tal maneira que, se não tivermos um mínimo de inteligência emocional, não aguentaremos as pressões que chegam ao nosso redor. Com as mesmas 24 horas que temos durante o dia, precisamos administrar todas as nossas funções, sendo que todas elas são importantes e nenhuma pode ser negligenciada. Não podemos nos dedicar a ser ótimos profissionais e deixar de lado a família. Não podemos ser ótimos cônjuges e péssimos pais. A questão é que somos cobrados de todos os lados e, muitas vezes, essa pressão faz com que nossas emoções sejam levadas ao extremo.

Na minha vida não foi diferente. Lembro-me da época em que me casei. Naqueles dias, tinha 24 anos, e a Viviane, apenas 16. Éramos um casal apaixonado e com um desejo enorme de servir ao Senhor, contudo, ainda imaturos. Doze meses após o casamento, engravidamos do nosso primeiro filho, Lucas, e um ano e meio após seu nascimento, estávamos embarcando em nossa missão dentro do Ministério Bola de Neve.

O que sentíamos na época? Uma pressão enorme, pois não conseguíamos nos entender no casamento, e, além do mais, éramos um alvo constante do nosso inimigo, porque, se desistíssemos da nossa união, todo o ministério estaria em jogo. Bom, como pais, também víamos nossa imaturidade, pois cobrávamos de uma criança atitudes que ela não tinha idade para realizar.

Outra área delicada era a financeira. Como fomos provados naquela época, passando por dias realmente difíceis! Soma-se a tudo isso a total falta de preparo para começar um ministério em outras cidades. O resultado eram brigas constantes, explosões com o filho e muita gente rindo do nosso chamado. Era mais ou menos assim que os outros nos viam: "Como um casal tão imaturo e quebrado poderá ser instrumento nas mãos de Deus?".

Realmente, imaturidade não faltava, necessidades também não, contudo, tínhamos fé de que tudo, no tempo certo, mudaria.

Certa vez, em 2006, ouvi uma mensagem que mudou completamente minha vida. Chegou até mim a mensagem de um pastor havaiano chamado Wayne Cordeiro, que ministrava uma pregação no Seminário Summit, da igreja Willon Creek, de Chicago, EUA. O nome dessa mensagem era "Líder correndo, porém morto", e nela o pastor falava sobre o próprio ministério, que era sadio e abençoado no Havaí, mas, mesmo assim, um dia ele se viu sentado na calçada, chorando copiosamente. Ele não entendeu muito bem o que estava acontecendo e foi procurar ajuda. O médico disse que ele estava com a "Síndrome de Burnout", que é um termo da Psicologia para se referir à exaustão prolongada e à diminuição do interesse em trabalhar, considerada um grande problema no mundo atual.

Durante 45 minutos, esse pastor mostrou como conseguiu vencer esse problema. Aquela mensagem foi tão forte na minha vida, que já assisti umas 20 vezes, e o resultado foi que, a partir daquele momento, começou uma transformação em todas as áreas de minha vida. Vi meu casamento sendo restaurado, assim como pude ver meu entendimento sobre paternidade mudando. Cheguei ao ponto de chamar meu filho, com sete anos naquela época, sentá-lo no sofá e pedir-lhe perdão pelos erros que havia cometido como pai.

A melhor parte dessa história é saber que aquilo que Deus faz dura para sempre. Aquela mudança transformou minha vida. Doze anos depois, tenho uma grande igreja para cuidar e mais de 80 casais de pastores sob a minha supervisão. Além do mais, estou à frente de duas empresas, tenho quatro filhos e minha agenda ficou uma loucura, com viagens constantes para ministrar e fazer treinamentos de liderança. Porém, na atualidade, mesmo com tantas atividades, responsabilidades e compromissos, nunca estive tão bem com Deus, comigo mesmo, com minha esposa, meus filhos e meus amigos, ou seja, nunca estive tão bem com a vida.

Então, ao escrever este livro, não estou falando de um assunto abstrato; pelo contrário, estou falando de algo totalmente tangível, porque com todas essas atividades, meu futuro era para ser um dos piores. Eu tinha tudo para hoje ser um pastor estressado, sem tempo para nada e frustrado por não conseguir fazer tudo o que tenho sentido ser de Deus que eu faça. Mas, graças a Deus, não é isso que vivo. E justamente por isso a ideia deste livro é ajudá-lo a evitar o estresse e a frustração, e ainda ter uma vida abundante, como a vida que Jesus Cristo prometeu a todos que o buscassem.

Abra seu coração e seu entendimento para cada página, pois acredito que, se você absorver cada lição e aplicá-la em seu dia a dia, voltará a enxergar as cores da vida, e, em vez ter dificuldades para acordar de manhã, você começará a ver cada manhã como uma oportunidade de viver o melhor de Deus para sua vida.

Boa leitura!

MARCELO BIGARDI

CAPÍTULO 1

JAMAIS SE COMPARE

A um deu cinco talentos, a outro, dois e a outro,
um, a cada um segundo a sua própria capacidade.

Mateus 25:15

Vemos milhares de pessoas espalhadas pelo mundo se perdendo no que diz respeito ao seu futuro.

O pior é que alguns não só se perderam, como também tiraram suas próprias vidas. Estou falando de indivíduos — inclusive pastores — que acabaram se suicidando. As estatísticas são horríveis e é triste lê-las, pois sempre vem a pergunta: O que leva uma pessoa a tirar sua própria vida? Ainda mais se essa pessoa conhece o Autor da vida?

Não quero, aqui, discutir sobre os motivos que levaram essas pessoas a tirar suas próprias vidas, no entanto, quero abordar um dos assuntos que, com certeza, esteve presente na vida da maioria das pessoas que chegaram a esse extremo.

Talvez você esteja pensando: "Biga, nem de perto passou pela minha cabeça tirar minha própria vida!".

Ok! Graças a Deus por isso! Porém, muitas vezes, a pessoa sem perceber (ou até mesmo percebendo) vai matando seus sonhos, seus projetos e acaba apenas sobrevivendo, em vez de viver a vida abundante que Deus tem prometido. Por esse motivo, minha ideia aqui é abordar alguns passos que poderão ajudá-lo a evitar o estresse e a frustração.

Não é difícil ver pessoas frustradas hoje em dia. Muitos estão frustrados com a política, outros estão frustrados com o trabalho, outros com a vida sentimental, outros ainda com o casamento. Motivos para a frustração jamais acabam. Sempre haverá uma razão para que ela bata em sua porta. Agora, a questão é: O que faremos quando ela bater? Vamos escancarar as portas ou fechá-la bem diante dela? Essa atitude depende de cada um de nós. Quero compartilhar com vocês alguns passos que, se tomados, terão o poder de evitar o estresse e a frustração. O primeiro deles é: jamais se compare.

Não é de hoje que falo sobre esse assunto. Costumo dizer que não há competição para quem é original, mas existe uma diferença enorme entre falar essa frase e vivê-la. Por quê? Porque a comparação está presente em nossas vidas desde que éramos crianças. Em nossa infância, comparávamos nossos pais com os pais dos outros. Comparávamos nossa lancheira com a lancheira dos outros. Comparávamos nossos brinquedos com os dos outros. Na adolescência, comparávamos nosso corpo com o dos garotos e garotas que eram mais populares na escola. Comparávamos nossa roupa com a dos outros e comparávamos nosso cabelo com os dos outros (na época eu tinha cabelo para comparar!).

Tente se lembrar de com quem você queria se parecer na sua adolescência. Crescemos e a comparação nos acompanhou. Comparamos a profissão, o salário, a casa, o carro, o físico, a família, os filhos, a influência, e por aí vai. Não tem fim esse assunto. O detalhe é que, se você não aprender a fechar a porta para a comparação, ela irá acabar com a sua felicidade.

Em Lucas 15, a Bíblia nos conta a história do filho pródigo.

> Certo homem tinha dois filhos; o mais moço deles disse ao pai:
> Pai, dá-me a parte dos bens que me cabe. E ele lhes repartiu os
> haveres.
>
> Passados não muitos dias, o filho mais moço, ajuntando tudo o
> que era seu, partiu para uma terra distante e lá dissipou todos
> os seus bens, vivendo dissolutamente.
>
> Depois de ter consumido tudo, sobreveio àquele país uma
> grande fome, e ele começou a passar necessidade.
>
> Então, ele foi e se agregou a um dos cidadãos daquela terra, e
> este o mandou para os seus campos a guardar porcos.
>
> Ali, desejava ele fartar-se das alfarrobas que os porcos comiam;
> mas ninguém lhe dava nada.
>
> Então, caindo em si, disse: Quantos trabalhadores de meu pai
> têm pão com fartura, e eu aqui morro de fome! Levantar-me-
> -ei, e irei ter com o meu pai, e lhe direi: Pai, pequei contra o céu
> e diante de ti; já não sou digno de ser chamado teu filho; trata-
> -me como um dos teus trabalhadores.
>
> E, levantando-se, foi para seu pai. Vinha ele ainda longe, quan-
> do seu pai o avistou, e, compadecido dele, correndo, o abraçou,
> e beijou.
>
> E o filho lhe disse: Pai, pequei contra o céu e diante de ti; já não
> sou digno de ser chamado teu filho.
>
> O pai, porém, disse aos seus servos: Trazei depressa a melhor
> roupa, vesti-o, ponde-lhe um anel no dedo e sandálias nos
> pés; trazei também e matai o novilho cevado. Comamos e re-
> gozijemo-nos, porque este meu filho estava morto e reviveu,
> estava perdido e foi achado. E começaram a regozijar-se.
>
> (Lucas 15:11-24)

Essa é uma das parábolas mais lidas e ministradas em igrejas, pois com ela aprendemos na íntegra as consequências de se tomar posse de uma herança precipitadamente. Também aprendemos o tamanho do amor de um pai, que não mede esforços para celebrar a volta do filho que havia saído para viver uma aventura. Mas o detalhe vem agora:

> Ora, o filho mais velho estivera no campo; e, quando voltava, ao aproximar-se da casa, ouviu a música e as danças. Chamou um dos criados e perguntou-lhe que era aquilo. E ele informou: Veio teu irmão, e teu pai mandou matar o novilho cevado, porque o recuperou com saúde.
> Ele se indignou e não queria entrar; saindo, porém, o pai, procurava concíliá-lo. Mas ele respondeu a seu pai: Há tantos anos que te sirvo sem jamais transgredir uma ordem tua, e nunca me deste um cabrito sequer para alegrar-me com os meus amigos; vindo, porém, esse teu filho, que desperdiçou os teus bens com meretrizes, tu mandaste matar para ele o novilho cevado.
>
> (Lucas 15:25-30)

O que podemos aprender com esse trecho da história? Que o irmão mais velho não estava querendo falar sobre sua obediência, mas sim fazer uma comparação. E sabe o que a comparação fez com esse irmão mais velho? Ela o cegou para alguns detalhes.

A comparação o cegou para o arrependimento do irmão

O irmão havia tomado uma atitude infantil e precipitada. Não entra aqui o nível de mancada que o irmão mais novo havia cometido. O que vamos considerar é que ele se arrependeu e voltou. Agora, por que o irmão mais velho não conseguiu ver os atos de arrependimento? Porque a comparação gera rebelião no coração e, uma vez que ele é contaminado, não consegue ver o lado bom de uma história. Esse é o motivo pelo qual famílias entram em conflitos, casais se divorciam, igrejas se dividem e sócios desfazem a sociedade.

Geralmente, a comparação não permite enxergar o outro lado da moeda. Quantas pessoas poderiam ir muito mais longe, mas hoje estão estagnadas porque permitiram que a comparação trouxesse frustração às suas vidas, cegando-as para o outro lado da história dos outros.

O irmão mais velho precisava entender que por trás da atitude do irmão mais novo havia uma história de dificuldades, de fome e de encontro com Deus. A frustração, porém, não o permitiu ver esse lado da vida do próprio irmão.

Precisamos entender algo aqui: geralmente, nos comparamos com alguém que está em um nível maior que o nosso. Sempre existirão duas atitudes diante de pessoas que estão no degrau de cima: a primeira é correr para subir ao seu nível, e a segunda é torcer para a pessoa cair e chegar ao nosso nível.

Infelizmente, a comparação nos faz querer que os outros não se deem bem na vida. Queremos que a pessoa diminua e que se dê mal. Se você está torcendo para alguém se dar mal na vida ou se vive falando assim: "Sei não, isso não vai longe! É fogo de palha! Pode deixar, você vai ver, isso não vai dar em nada!", então tome muito cuidado, pois você pode estar sendo vítima da comparação, e ela o levará ao estresse e à frustração. Essas duas coisas o conduzirão à morte, tanto espiritual quanto física.

A comparação também o cegou
para a festa da família

Vamos mergulhar nessa história. Acredito que o pai deles não ficou muito feliz com as decisões erradas do filho mais novo. Existem momentos em que você até consegue impor sua vontade a seus filhos, mas, depois de certa idade, eles tomarão suas próprias decisões. Fico imaginando esse pai dizendo: "Meu filho, não faça isso! Você vai se dar mal!". Mas os conselhos não adiantaram, e esse filho foi em busca de uma aventura.

Consigo ver uma família triste e um pai que não parou de trabalhar, e em seus olhos dava para ver a preocupação com o filho mais moço. O filho mais velho estava presenciando tudo isso, mas a impressão que dá é que seu coração estava cauterizado, pois quando o irmão mais novo voltou e ele viu a alegria do pai e a festa que havia organizado para ele, seu coração não conseguiu se alegrar. Esta é uma característica da comparação: não enxergar a alegria ou a tristeza das pessoas envolvidas.

Lembro-me da história de José. Seus irmãos, por inveja, o venderam como escravo e mentiram ao pai, dizendo que ele havia morrido. Segundo a Bíblia, quando o pai ficou sabendo da notícia, disse o seguinte:

> Ele a reconheceu e disse: É a túnica de meu filho, um animal selvagem o terá comido, certamente José foi despedaçado. Então, Jacó rasgou as vestes e se cingiu de pano de saco e lamentou o filho *por muitos dias.*
>
> (Gênesis 37:33, grifo do autor)

A comparação fez com que os irmãos não se importassem com o sofrimento do pai. Da mesma maneira, o irmão mais velho da história que estamos estudando não se importou com a tristeza de seu pai. A ideia era mais ou menos assim: "Pai, prefiro o senhor triste com a perda do meu irmão à sua alegria com a volta dele".

Essa é uma atitude delicadíssima, porque se você não consegue se alegrar com a alegria dos outros e não consegue participar da festa de quem está ao seu lado, tome muito cuidado, pois você pode estar sendo vítima da comparação, e ela o levará ao estresse e à frustração. Isso, por sua vez, o conduzirá à morte, tanto espiritual quanto física.

A comparação o cegou para
seus laços familiares

> Mas ele respondeu a seu pai: Há tantos anos que te sirvo sem jamais transgredir uma ordem tua, e nunca me deste um cabrito sequer para alegrar-me com os meus amigos; vindo, porém, esse teu filho...
>
> (Lucas 15:29,30)

Opa! Calma lá! Olha como ele se referiu ao irmão. Ele disse ao pai: "[...] esse teu filho". Será que ele não se lembrava de que ele também era seu irmão? Claro que lembrava! O detalhe é que a comparação faz com que vínculos sejam quebrados e alianças sejam corrompidas. Quantos irmãos se levantam contra seus próprios irmãos, processam seus parentes ou até seus pais e pessoas passam por cima da honra, fazendo de tudo para prejudicar quem um dia lhe estendeu a mão.

Acredito que, na vida, muitas vezes precisamos aprender a perder para ganhar. Quando uma pessoa não consegue parar para pensar antes de agir e faz de tudo para prejudicar quem está ao seu lado, vejo isso como um coração corrompido, frustrado e que vive se comparando.

Não estou generalizando, pois sei que existem as leis e que a justiça deve ser feita, mas estou falando dos casos em que famílias estão se acabando, amigos estão se separando e pais e filhos estão se tornando verdadeiros inimigos. Precisamos tomar muito cuidado, pois essas atitudes, ao contrário do que pensamos, só irão nos prejudicar.

A comparação também o cegou
para o que já era dele

Então, lhe respondeu o pai: Meu filho, tu sempre estás comigo;
tudo o que é meu é teu.

(Lucas 15:31)

A parte perigosa disso tudo é que a comparação anda de mãos dadas
com a insatisfação e com a cobiça.

A Bíblia diz algo interessante na Parábola dos Talentos sobre a porção
que Deus tem dado a cada um de seus filhos.

A um deu cinco talentos, a outro, dois e a outro, um, a cada um
segundo a sua própria capacidade.

(Mateus 25:15, grifo do autor)

Quando não cuidamos da comparação, instala-se em nossos corações
uma insatisfação enorme e acabamos nos esquecendo de tudo o que temos
vivido e de tudo o que Deus já tem nos dado. Tudo isso porque estamos
comparando o que temos com o que o outro tem. Isso é muito perigoso,
porque quando você não se alegra com o que Deus tem te dado e quer o
que não lhe pertence, essa atitude tem o poder de lhe tirar até aquilo que
você já tem.

O que fez Adão esquecer de todo o jardim e olhar para a árvore proibida? O que fez Ló abandonar o tio Abraão e correr para uma terra formosa à
vista? O que fez Davi não se lembrar de suas mulheres e querer a mulher de
Urias? Qual o resultado dessas escolhas? Bom, Adão olhou para a árvore
proibida e perdeu o jardim. Ló olhou para a cidade bonita e depois ela foi
destruída por Deus. Davi olhou para a mulher de Urias e perdeu seu filho e
a paz em sua família. É exatamente por causa disso que a Bíblia nos adverte

em Provérbios 1:19: "Tal é a sorte de todo ganancioso; e este espírito de ganância tira a vida de quem o possui".

A comparação é perigosa, pois desperta dois sentimentos nocivos para nossas vidas: orgulho e autocomiseração. Quando você se compara com quem tem mais que você em relação a finanças, poder e influência, isso o leva a achar que Deus é infiel e que você é um "coitadinho". Agora, quando você se compara com quem tem menos que você no que diz respeito aos mesmos fatores, essa comparação o faz achar que é maior do que realmente é, levando-o ao orgulho. Em ambos os casos, isso é perigosíssimo à sua saúde espiritual, pois os dois são severamente advertidos na Palavra de Deus (Provérbios 16:18, 29:23; Jeremias 9:23,24). E quando fala de autocomiseração, observe o que a Bíblia diz:

> Quem és tu, ó homem, para discutires com Deus?! Porventura, pode o objeto perguntar a quem o fez: Por que me fizeste assim? Ou não tem o oleiro direito sobre a massa, para do mesmo barro fazer um vaso para honra e outro, para desonra?
>
> (Romanos 9:20,21)

Mas vamos lá! Todo veneno carrega o próprio antídoto dentro de si. Para todo engano Deus tem uma resposta.

Como evitar a comparação em sua vida?

A chave de tudo isso está no coração. A Bíblia diz que Davi foi um homem segundo o coração de Deus.

Repare no que Davi disse ao Senhor em Salmos 139:23,24: "Sonda-me, ó Deus, e conhece o meu coração, prova-me e conhece os meus pensamentos; vê se há em mim algum caminho mau e guia-me pelo caminho eterno".

Precisamos pedir constantemente que o Senhor venha sondar nossos corações para que a comparação não entre e faça um estrago nele. Quando você estuda a vida de Davi, percebe que ele, desde cedo, aprendeu a cuidar do coração.

1) Ele foi esquecido pelo pai

Nós conhecemos a história de como o profeta Samuel foi à casa do pai de Davi para procurar um rei, e Davi não foi convidado para a reunião. Vemos que ele não guardou ressentimentos do pai, não se revoltou com a vida e nem teve a atitude do filho pródigo de ir embora por causa disso. Mas, então, o que ele fez? Continuou honrando e obedecendo a seu pai. Precisamos aprender que Deus é Deus e nunca erra. O Salmo 139 diz que, mesmo antes de você nascer, sua história foi escrita em um livro, ou seja, mesmo que os homens se esqueçam de você, Deus é poderoso para o pinçar de onde você estiver e levantá-lo para cumprir o que tem prometido.

2) Davi foi ungido rei diante da família

Davi teve de cuidar do coração no que diz respeito ao esquecimento do pai e, agora, ele é ungido pelo profeta que diz que ele seria um rei sobre a nação. Como você acha que os irmãos se sentiram? Davi percebeu os olhares dos seus irmãos, mas não se importou e voltou a cuidar do pasto do pai. A questão é que os irmãos não "pegaram leve" com ele. Perceba a reação de um deles quando Davi foi levar comida para eles na guerra:

> Ouvindo-o Eliabe, seu irmão mais velho, falar àqueles homens, acendeu-se-lhe a ira contra Davi, e disse: Por que desceste

aqui? E a quem deixaste aquelas poucas ovelhas no deserto? Bem conheço a tua presunção e a tua maldade; desceste apenas para ver a peleja. Respondeu Davi: Que fiz eu agora? Fiz somente uma pergunta.

(1Samuel 17:28,29)

Precisamos cuidar do nosso coração no que diz respeito ao ataque dos nossos irmãos que estão sendo conduzidos pela comparação. E a melhor forma é deixar esse assunto morrer na praia.

Desviou-se dele para outro e falou a mesma coisa.

(1Samuel 17:30)

Não tente se justificar quando isso acontecer em sua vida, apenas administre a situação, acredite no que Deus está fazendo e aguarde o tempo certo de fazer o que é o certo.

3) Davi é perseguido pela autoridade da nação

Davi sabia quem ele era em Deus, tinha uma promessa e sabia aonde iria chegar. Mas o rei Saul, movido por comparação e inveja, começou a persegui-lo, tentando matá-lo. Você precisa aprender a guardar seu coração quando autoridades começarem a persegui-lo injustamente, e digo isso porque a base de governo de Deus é a justiça. Mais tempo, menos tempo, Deus entrará em ação e julgará as atitudes dessa autoridade que está sobre você.

4) Davi desenvolve amizade com o filho do rei Saul

> Sucedeu que, acabando Davi de falar com Saul, a alma de Jô-
> natas se ligou com a de Davi; e Jônatas o amou como à sua
> própria alma.
>
> (1Samuel 18:1)

Jônatas e Davi eram amigos, ou seja, um sabia da vida do outro. Jônatas sabia que Davi seria o próximo rei, mas que o reino pertencia, por direito, a ele. Então, só havia uma maneira de Davi assumir esse trono: com a morte de Saul e também de seu filho Jônatas. A pergunta que entra aqui é a seguinte:

Como ser amigo de alguém que só está esperando sua morte para tomar seu lugar no trono?

Jônatas também era uma pessoa que cuidava do seu coração e jamais permitiu que a comparação entrasse nele. Essa atitude o fez ser amigo de Davi.

Como você lida com pessoas que têm um potencial maior que o seu? Uma vez, o CEO de uma empresa foi até o gerente do departamento de recursos humanos e disse: "Saia pela empresa e procure alguém com grande capacidade, ótimo funcionário, capaz de ser promovido e galgar altas posições nessa empresa. Assim que o encontrar, demita-o!". O que você faz com pessoas que possuem talentos que você não possui?

Uma vez aprendi o seguinte: nós jamais saberemos fazer tudo, nem teremos todos os talentos, então, o segredo para uma vida bem-sucedida é se cercar de pessoas talentosas que possam agregar valor à sua vida. Muitos não conseguem viver assim e, em vez de caminharem com pessoas que a puxem para cima, preferem andar com quem não exigirá crescimento algum.

Mas vamos ao outro lado da moeda? Assim como Jônatas teve que aprender a conviver com Davi, sabendo que este um dia assumiria o trono que lhe pertencia, Davi também soube conviver com o filho do homem que queria matá-lo. O que isso nos mostra? Um homem capaz de separar os sentimentos. Muitos no lugar de Davi não se aproximariam de ninguém da casa de Saul. Só que esse não foi o caso de Davi e não deve ser o caso de quem quer evitar a comparação e ter um coração blindado e protegido.

> Também escolheu a Davi, seu servo, e o tomou dos redis das ovelhas; tirou-o do cuidado das ovelhas e suas crias, para ser o pastor de Jacó, seu povo, e de Israel, sua herança.
> E ele os apascentou consoante a integridade do seu coração e os dirigiu com a destreza de suas mãos.
>
> (Salmos 78:70-72)

O coração de Davi fez toda a diferença em sua vida. Hoje, logo no primeiro capítulo, você tem uma escolha: permitir que a comparação se instale em sua vida, levando-o ao estresse e à frustração, ou ter um coração aberto a cada sussurro e ensinamento que vem de Deus. Esses ensinamentos muitas vezes vêm por meio do que também aconteceu com Davi, que foi esquecido pelo pai, teve de conviver com a revolta dos irmãos por causa da sua unção, foi perseguido pela autoridade da nação e aprendeu a desenvolver amizade com pessoas com talentos diferentes dos que ele possuía.

Abra seu coração! Mesmo que seus pais não reconheçam o que Deus está fazendo em sua vida. Mesmo que seus irmãos e amigos mais chegados o persigam por causa dos seus diferentes talentos. Mesmo que autoridades queiram "puxar seu tapete". Mesmo que você seja o menos talentoso da turma. Aprenda a cuidar do seu coração (Provérbios 4:23).

CAPÍTULO 2

JAMAIS COLOQUE A EXPECTATIVA NAS PESSOAS

A esperança que se adia faz adoecer o coração,
mas o desejo cumprido é árvore de vida.

Provérbios 13:12

Sabemos que nem sempre as promessas de Deus se cumprirão no tempo que achamos que elas devem se cumprir. Temos aprendido sobre o cuidado de Deus em nos ensinar a respeito de perseverança e paciência.

O problema é que a frustração tem levado muitas pessoas a desistirem de seus sonhos e planos. Como nosso inimigo não tem medo de nós, e sim do que nos tornaremos em Deus, ele sempre agirá para nos induzir a abrir mão do que Deus tem prometido. Mas saiba de uma coisa: ele (nosso inimigo) não tem poder para nos parar, mas fará o que puder para nos fazer desistir. Como nós não somos dos que retrocedem, precisamos entender que uma das maneiras de viver tudo o que Deus tem prometido é, além de não desistir, tomar algumas atitudes para evitar o estresse e a frustração na vida. Mas quais são essas atitudes? Quais são esses passos?

Já vimos no primeiro capítulo sobre a comparação. Neste capítulo, vamos falar de mais um passo, que é o seguinte: jamais coloque a expectativa nas pessoas. Um dos maiores problemas de alguém que está frustrado ou está prestes a se frustrar é querer agradar às pessoas erradas, e tudo isso começa na infância.

Quando uma criança cresce em um lar estruturado e estável, isso já é mais difícil de acontecer. No entanto, a grande maioria das pessoas em nosso país cresceu em um lar não tão estável e estruturado assim. Não estou falando apenas financeiramente; estou me referindo a outros problemas, como a falta de amor, falta de atenção e, também, da infidelidade dos pais, entre outras coisas.

Muitas vezes, essas crianças crescem querendo chamar a atenção de seus pais, procurando fazer algo para lhes agradar; outras vezes, ela descobre que foi rejeitada por alguém ou vive um período de rejeição na própria família. Situações assim fazem com que, inconscientemente, essa criança tente, com suas atitudes, ter a aprovação de algumas pessoas. Mas a questão é que crianças crescem e, na vida adulta, muitas vezes as pessoas agem da mesma maneira porque, talvez sem perceber, ainda estão querendo a aprovação daqueles que o rejeitaram.

Ouvi uma história sobre esse assunto. Um jovem seminarista, ao assumir sua primeira igreja, colocou-a em uma situação financeira delicada. Ele entrou em um projeto de expansão desnecessário do templo e, por isso, acabou sendo demitido da igreja. O mesmo aconteceu na segunda e na terceira igrejas pela qual ele passou. Então, nos perguntamos: o que esse pastor estava tentando fazer? A resposta é simples: ele estava tentando, inconscientemente, obter a aprovação do pai, pois crescera ouvindo que não seria capaz de fazer nada significativo.

Sabe qual o problema dessa situação? É que, mesmo que tenhamos um relacionamento com Deus, não deixamos de ser humanos, e, muitas vezes, colocamos a expectativa em alguém que jamais poderá supri-la. Isso acontece, por exemplo, com a moça que não teve o amor ou gestos de carinho de seu pai. Todo relacionamento que ela tiver será desastroso, pois ela colocará uma cobrança e uma expectativa no namorado ou no marido que ele jamais conseguirá suprir.

A Bíblia conta uma história interessante entre um pai e um filho. Em 2Samuel 3:3, vemos que um dos filhos do rei Davi foi Absalão. Ele, por sua vez, tinha tudo para ter uma vida feliz e para escrever uma história maravilhosa, primeiro, porque ele fazia parte de uma família; segundo, porque seu pai, além de rei, era um herói de guerra, ou seja, alguém admirado; terceiro, porque sua família contava com o favor de Deus; e, por fim, porque ele tinha um favor especial de Deus: a beleza. Ou seja, não havia motivos para esse homem terminar como terminou.

> Não havia, porém, em todo o Israel homem tão celebrado por sua beleza como Absalão; da planta do pé ao alto da cabeça, não havia nele defeito algum.
>
> Quando cortava o cabelo (e isto se fazia no fim de cada ano, porquanto muito lhe pesava), seu peso era de duzentos siclos, segundo o peso real.
>
> (2Samuel 14:25,26)

Absalão cresceu em uma família que conhecia o Senhor Deus. Se ele colocasse em prática tudo o que havia aprendido, as coisas seriam diferentes. A questão é que Absalão tinha muitos irmãos, de várias mães diferentes; e, claro, Davi não conseguia dar conta de todos esses filhos, das esposas, do reinado, das estratégias de guerra e das próprias guerras. Creio que, de

DA FRUSTRAÇÃO À REALIZAÇÃO

alguma maneira, Absalão colocou uma expectativa exagerada em seu pai. Veja, por exemplo, como ele reagiu quando soube que seu irmão Amnom fingiu estar doente para, assim, tentar dormir com sua irmã Tamar (2Samuel 13:1-17) e que seu pai não tomou nenhuma providência:

> Absalão, seu irmão, lhe disse: Esteve Amnom, teu irmão, contigo? Ora, pois, minha irmã, cala-te; é teu irmão. Não se angustie o teu coração por isso. Assim ficou Tamar e esteve desolada em casa de Absalão, seu irmão. Ouvindo o rei Davi todas estas coisas, muito se lhe acendeu a ira. Porém Absalão não falou com Amnom nem mal nem bem; porque odiava a Amnom, por ter este forçado a Tamar, sua irmã.
>
> (v. 20 a 22)

Absalão aguardava alguma atitude de seu pai, mas Davi, mesmo irado, não fez absolutamente nada. Sendo assim, Absalão agiu com as próprias mãos e, dois anos depois, matou Amnon. A novela é longa aqui, mas, resumindo, Absalão teve que fugir.

> Absalão, porém, fugiu e se foi a Talmai, filho de Amiúde, rei de Gesur. E Davi pranteava a seu filho todos os dias.
> Assim, Absalão fugiu, indo para Gesur, onde esteve três anos.
> Então, o rei Davi cessou de perseguir a Absalão, porque já se tinha consolado acerca de Amnom, que era morto.
>
> (2Samuel 13:37-39)

Sabe o que vejo aqui? Que Davi teve sua parcela de culpa. O erro dele se deu em relação às mulheres e na educação de seus filhos. Primeiro, ele não corrigiu Amnon por sua atitude; depois, perseguiu Absalão por longos meses. Isso nos mostra que Davi estava permitindo a discriminação e a injustiça em sua casa. Nós também somos vítimas da discriminação e da injustiça. Muitas vezes, descaradamente, vemos o favorecimento das pessoas que trabalham ao nosso lado; outras vezes, podemos ver dois pesos e duas medidas.

O que é válido para alguns não é para outros. A atenção que um irmão recebe não é a mesma dos demais; as oportunidades que a família oferece para um não são as mesmas que você recebeu. A discriminação e a injustiça, por si só, já são horríveis, mas quando elas partem de alguém que você admira, tornam-se potencializadas.

Neste capítulo, acredito que Deus está querendo lhe dizer que você não é o único a sofrer discriminação e injustiça na vida. Isso já acontece desde os tempos bíblicos. Eu e você precisamos cuidar do nosso coração para que ele não se fira, quando a discriminação e a injustiça acontecerem em nossas vidas. Nesse momento, você precisa entender que seu chamado é maior que a situação presente.

Haverá momentos em que você terá de suportar esse nível de ataque na vida, continuar olhando para cima, lutando e sonhando. Você precisa cuidar do seu coração para não sair do lugar em que ocorrerá sua promoção. Uma das frases que mais faz sentido para mim, quando se fala desse assunto, é esta: o lugar mais difícil de estar, geralmente, é o lugar onde você mais será abençoado.

Se você observar a vida de José, verá que não foi fácil conviver em uma casa onde seus irmãos o odiavam. Com certeza foi difícil para ele continuar crendo nas promessas de Deus e vivendo em um lugar onde nem seus pais colocavam tanta fé assim. Foi difícil continuar sendo fiel a Deus e a seu senhor com a mulher do chefe "dando em cima" dele dia e noite. Foi difícil continuar sonhando estando injustamente em uma prisão.

O detalhe é que um dia as coisas mudaram. Um dia, mesmo estando no lugar mais difícil para se estar, ele foi promovido e começou a viver tudo o que havia sonhado.

Guarde algo em seu coração: sempre que você for alvo da discriminação e da injustiça, lembre-se das três regras de ouro:

1. *Deus é Deus.* Ou seja, ele é um ser espiritual e poderoso e não precisa de permissão das leis naturais para agir em seu favor.
2. *Deus é Bom.* A bondade de Deus não está no fato de o considerarmos bom, mas em sua essência. Isso me leva a entender que, quando Deus olha para uma situação na terra, ele sempre terá um olhar bom, e essa bondade o leva à terceira regra.
3. *Deus é Justo.* A base do trono de Deus é a justiça.

> Assim diz o SENHOR: Não se glorie o sábio na sua sabedoria, nem o forte, na sua força, nem o rico, nas suas riquezas; mas o que se gloriar, glorie-se nisto: em me conhecer e saber que eu sou o SENHOR e faço misericórdia, juízo e justiça na terra; porque destas coisas me agrado, diz o SENHOR.
>
> (Jeremias 9:23,24)

Então, mesmo que hoje você esteja sendo vítima da discriminação e da injustiça, acredite nessas três regras e creia que isso vai passar e que um dia você irá se alegrar.

> Porque a nossa leve e momentânea tribulação produz para nós eterno peso de glória, acima de toda comparação, não atentando nós nas coisas que se veem, mas nas que se não veem; porque as que se veem são temporais, e as que se não veem são eternas.
>
> (2Coríntios 4:17,18)

Vamos à outra questão que está escondida no versículo da fuga de Absalão.

> Absalão, porém, fugiu e se foi a Talmai, filho de Amiúde, rei de Gesur. E Davi pranteava a seu filho todos os dias.
>
> Assim, Absalão fugiu, indo para Gesur, onde esteve três anos.
>
> Então, o rei Davi *cessou de perseguir* a Absalão, porque já se tinha consolado acerca de Amnom, que era morto.
>
> (2Samuel 13:37-39, grifo do autor)

A Bíblia está dizendo que Davi perseguiu Absalão, e a ideia que a Palavra nos passa é que essa busca foi feroz. Absalão, ao fugir, foi até Talmai, filho de Amiúde, rei de Gesur. Sabe quem era esse Talmai? Simplesmente o avô materno de Absalão.

> Em Hebrom, nasceram filhos a Davi; o primogênito foi Amnom, de Ainoã, a jezreelita; o segundo, Quileabe, de Abigail, viúva de Nabal, o carmelita; o terceiro, Absalão, filho de Maaca, filha de Talmai, rei de Gesur.
>
> (2Samuel 3:2,3)

Ou seja, se Davi quisesse realmente achar Absalão, era só começar procurando na casa da própria família. Sabe o que se passou na cabeça de Absalão? "Puxa! Nem de me punir meu pai deu conta! Nem me perseguir direito ele conseguiu!". Tudo o que Absalão estava fazendo era para chamar a atenção de seu pai, fez de tudo a fim de que o pai se importasse com ele.

Aprendemos aqui que toda criança implora por limites. Os pais demonstram amor quando colocam limites na vida dos filhos, e não quando os deixam fazer o que querem. Absalão ficou o tempo todo na casa do avô e não foi achado por seu pai. Que triste! Mas aqui temos algo muito forte!

Mesmo Davi tendo sua parcela de culpa, isso não dava a Absalão o direito de fazer o que fez. Se sua expectativa estivesse em Deus, e não em seu pai, talvez ele não tivesse entrado nesse barco furado. Três anos depois, Absalão é admitido na presença do pai, só que o estrago já estava feito. Mesmo voltando, algo aconteceu em seu interior, dando início a uma revolta.

Esse é o perigo de se colocar a expectativa nas pessoas, pois, quando essa expectativa não é correspondida, ela faz nascer uma revolta em seu interior. E se você não a retirar rapidamente, ela o levará à rebelião, à desonra, a ouvir maus conselhos e a atos insanos, tendo como consequência final a morte.

Absalão permitiu que a revolta em seu interior o levasse à rebelião

Enviou Absalão emissários secretos por todas as tribos de Israel, dizendo: Quando ouvirdes o som das trombetas, direis: Absalão é rei em Hebrom!

(2Samuel 15:10)

Por ter colocado a expectativa em Davi, e não em Deus, a revolta fez com que Absalão agora quisesse ter a vida do pai. Ele era príncipe, mas queria ser rei. O que a revolta faz na vida de uma pessoa, não? Ela faz com que ela jamais se contente com sua realidade e queira viver uma ilusão. A questão é que você só viverá um sonho se não tiver medo de encarar sua realidade.

Absalão permitiu que a revolta em seu interior o levasse à desonra

Levantando-se Absalão pela manhã, parava à entrada da porta; e a todo homem que tinha alguma demanda para vir ao rei a juízo, o chamava Absalão a si e lhe dizia: De que cidade és tu?

Ele respondia: De tal tribo de Israel é teu servo.

Então, Absalão lhe dizia: Olha, a tua causa é boa e reta, porém não tens quem te ouça da parte do rei.

Dizia mais Absalão: Ah! Quem me dera ser juiz na terra, para que viesse a mim todo homem que tivesse demanda ou questão, para que lhe fizesse justiça!

Também, quando alguém se chegava para inclinar-se diante dele, ele estendia a mão, pegava-o e o beijava.

Desta maneira, fazia Absalão a todo o Israel que vinha ao rei para juízo e, assim, ele furtava o coração dos homens de Israel.

(2Samuel 15:2-6)

Ele estava agora falando mal do próprio pai para o povo. Isso não era mais pessoal, pois agora envolvia o povo de Israel. Por causa da expectativa na pessoa errada, Absalão permitiu que seu coração se revoltasse contra seu próprio pai; e agora, além de se rebelar, ele começou a envolver outras pessoas nas questões familiares.

Perceba que essa maneira de agir continua a mesma. Pessoas desleais e desonestas geralmente falam o que você quer ouvir e não o que você precisa ouvir. Absalão dizia: "Sua causa é boa, só que o rei está ocupado demais!". Todo mundo sabia da agenda ocupada do rei, já que havia um reino para cuidar e guerras para lutar.

Não era qualquer pessoa que tinha acesso ao rei, e Absalão só estava jogando lenha na fogueira. Em outras palavras, tenha cuidado com aqueles que se dizem "O Amigão", que falam só o que você quer ouvir e, principalmente, que tentam jogá-lo contra sua autoridade espiritual. Geralmente, esses indivíduos possuem um coração contaminado pela revolta.

Absalão permitiu que a revolta em seu interior o levasse a ouvir maus conselhos

> Então, disse Absalão a Aitofel: Dai o vosso conselho sobre o que devemos fazer.
> Disse Aitofel a Absalão: Coabita com as concubinas de teu pai, que deixou para cuidar da casa; e, em ouvindo todo o Israel que te fizeste odioso para com teu pai, animar-se-ão todos os que estão contigo.
>
> (2Samuel 16:20,21)

É isso mesmo que vocês leram! O conselho era que Absalão fizesse sexo com as mulheres de seu pai. Qualquer pessoa em pleno juízo identificaria isso como um mau conselho, mas não alguém que está tomado pela revolta.

Absalão permitiu que a revolta em seu interior o levasse a cometer atos insanos

> Armaram, pois, para Absalão uma tenda no eirado, e ali, à vista de todo o Israel, ele coabitou com as concubinas de seu pai.
>
> (2Samuel 16:22)

Ouvir maus conselhos é uma coisa, mas ouvir e praticá-los mostra o nível de loucura a que uma pessoa tomada pela revolta é capaz de chegar.

Cuidado para não permitir que a revolta o faça tomar atitudes que o afaste de quem realmente o ama, pois essa atitude de Absalão foi suficiente para que todos soubessem que ele seguia um caminho sem volta.

Absalão permitiu que a revolta em seu interior o levasse à morte

Indo Absalão montado no seu mulo, encontrou-se com os homens de Davi; entrando o mulo debaixo dos ramos espessos de um carvalho, Absalão, preso nele pela cabeça, ficou pendurado entre o céu e a terra; e o mulo, que ele montava, passou adiante. Então, disse Joabe: Não devo perder tempo, assim, contigo. Tomou três dardos e traspassou com eles o coração de Absalão, estando ele ainda vivo no meio do carvalho. Cercaram-no dez jovens, que levavam as armas de Joabe, e feriram a Absalão, e o mataram.

(2Samuel 18:9,14,15)

Qual foi o final de Absalão? A morte! Mas não era para ter sido assim.

Colocar a expectativa em cima de uma pessoa é um problema, e a solução é aprender a colocar a expectativa no único que conseguirá supri-la. Qual nosso maior exemplo disso? Jesus Cristo.

Tudo o que Jesus fez foi por causa da humanidade. Ele nunca esteve separado de Deus; os homens que se afastaram do Senhor. Jesus, então, deixa os céus, vem à terra e vive como homem. Mesmo sendo Deus — e tendo todo o poder nos céus —, submeteu-se a viver com os homens e como os homens. Ele abriu mão de seu poder e viveu uma vida impecável, conquistando o poder sobre a morte, e tudo isso vivendo como homem.

Aqui entra a questão: se você quer evitar o estresse e a frustração em sua vida e quer parar de colocar suas expectativas nas pessoas erradas, precisará adquirir o poder que Jesus conquistou e deixou para que pudéssemos usá-lo. Entenda que a primeira coisa que Deus deu ao homem foi "Poder".

Deus disse: "Tenha domínio sobre as plantas, sobre os peixes, sobre tudo". A primeira coisa que ele deu ao homem foi poder, e a última coisa que Jesus deu ao homem também foi poder (Atos 1:8).

Mas o que significa poder? Significa a capacidade de controlar circunstâncias. Jesus adquiriu esse poder ao vencer toda e qualquer tentação que veio sobre sua vida. E o que esse poder fez por ele? Bom, como disse, ele veio para seu povo, mas o povo não o recebeu muito bem.

> O Verbo estava no mundo, o mundo foi feito por intermédio dele, mas o mundo não o conheceu. Veio para o que era seu, e os seus não o receberam.
>
> (João 1:10,11)

Jesus sabia de tudo o que estava conquistando para a humanidade. Ele estava simplesmente consertando a ponte que levava o homem a Deus, abrindo as portas para que aqueles homens pudessem ter o futuro de suas almas transformado. Mas o povo o crucificou. Muitos cuspiram nele, e outros zombaram dele. Então, Jesus, usando todo o poder que havia conquistado e colocando em prática toda a capacidade de administrar circunstâncias, proferiu a seguinte frase: "Pai, perdoa-lhes, porque não sabem o que fazem" (Lucas 23:34).

Como Jesus conseguiu dizer isso mesmo no pior momento da sua vida terrena? Simplesmente porque a expectativa dele não estava nos homens.

Aqui entra o segredo: Jesus fez tudo o que fez por amor às pessoas, mas sua expectativa estava em agradar única e exclusivamente a Deus.

Que lição! Você e eu precisamos continuar amando as pessoas, servindo-as dentro do nosso chamado, mas não podemos esperar que o retorno venha delas.

Sabe por que muitos se estressam e se frustram? Porque fazem algo por alguém e esperam que essa pessoa o retribua, mas essa não é a direção de Deus para nossas vidas. Colossenses 3:23,24 nos mostra que:

Tudo quanto fizerdes, fazei-o de todo o coração, como para o Senhor e não para homens, cientes de que recebereis do Senhor a recompensa da herança. A Cristo, o Senhor, é que estais servindo.

Essa é a segunda chave, o segundo passo para evitar o estresse e a frustração em sua vida. Aprenda a colocar toda sua expectativa no Senhor e saiba que um dia ele o recompensará!

CAPÍTULO 3

COMBATA A ANSIEDADE

Não andeis ansiosos de coisa alguma; em tudo, porém,
sejam conhecidas, diante de Deus, as vossas petições,
pela oração e pela súplica, com ações de graças.

Filipenses 4:6

Esse é um texto conhecido por muita gente. A grande questão é que, mesmo assim, os números são alarmantes. Segundo uma matéria que saiu em 2017, o Brasil é o país com a maior taxa de pessoas com transtornos de ansiedade no mundo. As estimativas da Organização Mundial da Saúde (OMS) mostram que 9,3% dos brasileiros têm algum transtorno de ansiedade.

E o que é esse tal de Transtorno de Ansiedade? O Transtorno de Ansiedade se caracteriza pela preocupação desproporcional de pessoas que antecipam problemas que não acontecem, têm pensamentos obsessivos e vivem enfrentando medos e dificuldades. Segundo os psiquiatras, a ansiedade é uma alteração cerebral fisiológica que prepara as pessoas para responderem a uma situação de perigo, ou seja, é um mecanismo de proteção. O problema é quando ele se torna mais recorrente do que o normal e a pessoa passa a ter crises. É como o alarme de um carro: é ótimo para protegê-lo, mas se dispara toda hora, passa a ser um transtorno.

Salmos 37:5 diz o seguinte: "Entrega o teu caminho ao SENHOR, confia nele, e o mais ele fará". A questão é que sabemos entregar, porque na hora do aperto todo mundo consegue pedir a ajuda divina. O detalhe está na palavra "confiar". Não tem como você dizer que confia em Deus se vive ansioso, se essa ansiedade o faz perder o sono e se você não consegue desfrutar do dia a dia com Deus. Veja o que a Bíblia diz em Mateus 6:34: "Portanto, não vos inquieteis com o dia de amanhã, pois o amanhã trará os seus cuidados; basta ao dia o seu próprio mal".

Tenho visto muitas pessoas ansiosas porque não sabem como será seu futuro. Quantos estão com a vida instável e não sabem o que será da sua vida profissional ou sentimental. Outros, ainda, não sabem o que será de seu casamento se a vida continuar como está. Creio que, para situações assim, Jesus tem dado a resposta: "Buscai, pois, em primeiro lugar, o seu reino e a sua justiça, e todas estas coisas vos serão acrescentadas" (Mateus 6:33).

Quando cheguei a Curitiba, havia deixado praticamente tudo para trás. Em 1994, cheguei à rodoviária com duas malas e um *skate* velho. Não tinha ideia do que seria minha vida, mas a cada lugar que eu ia, Deus usava pessoas para dizer que quanto mais, lutas eu tivesse, maior seria a obra de Deus por intermédio da minha vida.

Muitos me veem hoje, vários anos depois, e podem observar o que Deus tem feito. É muito legal ver os frutos. É legal ver crianças sendo impactadas com os personagens da *Turma do Biga* e do *Biguinha e seus amigos*. É legal ver as pessoas amadurecendo e indo abrir novas igrejas no Estado do Paraná, e é legal ver os livros que temos lançado impactando a vida de tantas pessoas. Porém, precisamos entender que, antes de dar frutos, é necessário investir nas raízes, e toda raiz começa com uma semente que foi lançada.

O segredo, portanto, está na semente! Se ela for semeada em bom solo e for bem cuidada, a primeira coisa que irá acontecer é que ela morrerá! Sim, primeiro vem a morte, depois ela começa a germinar, formam-se as raízes, e, quanto mais profundas elas forem, mais saborosos serão os frutos. O problema é que queremos comer os frutos, mas não estamos dispostos a esperar o tempo em que a semente morre, muito menos o tempo que ela leva para crescer para baixo.

Tive que acreditar em cada palavra que Deus havia me dito, esperar a semente morrer e esperá-la crescer para baixo. E quer saber qual a parte mais difícil? Quando você sabe o que está plantando. Vou explicar.

Em Lucas 2:41-52, a Bíblia diz que seus pais só sentiram falta do menino Jesus um dia depois. Por quê? Simplesmente porque eles estavam acostumados com a perfeita obediência e responsabilidade de Jesus. Isso nos mostra que, mesmo Jesus tendo 12 anos, mesmo ele sendo extremamente obediente e responsável, ele sabia distinguir o que era prioridade em sua vida.

Com 12 anos, o jovem judeu se tornava "filho da Lei" e começava a cumprir suas exigências relacionadas a festas, jejuns etc. Em outras palavras, Jesus sabia o que tinha de fazer, sabia que já podia participar de algumas cerimônias e também tinha respostas às questões que lhes faziam.

Jesus sabia muito bem quem ele era e o que tinha dentro dele:

> O Espírito do Senhor está sobre mim, pelo que me ungiu para evangelizar os pobres; enviou-me para proclamar libertação aos cativos e restauração da vista aos cegos, para pôr em liberdade os oprimidos, e apregoar o ano aceitável do Senhor.
>
> (Lucas 4:18,19)

Essa era a missão de Jesus e, com 12 anos, ele já sabia disso. Mas aconteceu algo aqui.

E desceu com eles para Nazaré; e era-lhes submisso.

(Lucas 2:51)

Uau! A Bíblia está dizendo que, mesmo Jesus já sabendo do seu chamado, submeteu-se e voltou com sua mãe.

Muitos no lugar de Jesus não teriam tomado a decisão que ele tomou, pois uma coisa é você ficar ansioso quando não tem ideia de aonde sua vida irá chegar. Outra, bem diferente, é você saber quem é, o que tem dentro de você, aonde deve ir e o que precisa fazer. Vemos muitas pessoas ficando ansiosas nos dois lados da moeda, mas quero falar sobre um deles.

Quando você sabe um pouquinho do que lhe espera, quando Deus lhe dá um talento, um chamado, e mesmo ele lhe falando o que quer fazer com você, sua autoridade não consegue ver a mesma coisa. Estou falando de pais, de autoridades civis e de autoridades eclesiásticas. Nem todo mundo entenderá seu chamado. Quantas vezes você se encontra nessa exata situação, pois está fazendo o que é o certo, está no lugar em que Deus o quer, mas insistem em dizer a mesma coisa que a mãe de Jesus disse a ele: "Logo que seus pais o viram, ficaram maravilhados; e sua mãe lhe disse: Filho, por que fizeste assim conosco?" (Lucas 2:48).

Em outras palavras, o que você está fazendo aqui? Quantas pessoas estão ansiosas porque o chefe não ouviu uma das suas grandes ideias, ou porque seus pais não deram atenção para um sonho, ou porque seu cônjuge não entendeu suas palavras. Ou, ainda, porque seu pastor não conseguiu ver o que você está vendo em Deus.

Por causa dessas situações, quantas pessoas estão sendo guiadas pela ansiedade. Então, agora, vem a pergunta: O que a ansiedade pode realizar em sua vida? Ela pode lhe fazer agir com a cabeça quente, causando a perda daquilo que você nem conquistou ainda.

Entenda que nem tudo o que Deus lhe mostrou é a totalidade do seu chamado, pois sua vida não se resume ao tamanho do seu sonho. Isso é forte! Um sonho tem o poder de tirar a pessoa da zona de conforto e pode transformar uma vida, uma família, uma cidade, um Estado, um país e até o mundo.

Veja o caso de Steve Jobs. Ele teve um sonho que revolucionou o mundo inteiro, no entanto, acabou sendo mandado embora da sua própria empresa. O que estou querendo dizer é que o sonho não é o fim, mas é a direção de um novo caminho. Deus lhe dá um sonho e uma visão para que você caminhe em direção a ele e, durante esse caminho, muitas coisas começam a acontecer, a ponto de você perceber que há muito mais coisas envolvidas do que apenas aquele sonho inicial.

Quantas pessoas que não têm esse entendimento e, por causa da ansiedade, saem fazendo a coisa certa, porém no tempo errado. Quantos saíram do trabalho que tinham para se lançar em um sonho que jamais vingou. Quantos foram embora da casa dos pais para viverem a "tal liberdade", mas, por terem feito isso antes do tempo, ela veio à custa de muito sofrimento. Quantos perderam seus casamentos porque não souberam esperar o tempo certo para tomar uma decisão. Tiveram um sonho e já saíram agindo. Quantas pessoas com chamados lindos, que eram para estar voando em Deus, mas estão sofrendo, hoje, porque agiram antes da hora. Quantos saíram de suas igrejas, de seus ministérios, e brigaram com seus pais espirituais. E, no final, tudo aquilo que era para ser um sonho acabou se tornando um pesadelo. Por quê? Porque a ansiedade os levou a tomar atitudes precipitadas.

A ansiedade tem o poder de separar amigos, de afastar famílias, de quebrar relacionamentos e de tirar a vida da pessoa que a possui. Jesus estava num momento decisivo em sua vida: ou ele começava a fazer o que era o certo, mas no tempo errado, ou retrocedia e esperava o tempo certo para fazer o que era o certo. O que ele fez? "E desceu com eles para Nazaré; e era-lhes submisso" (Lucas 2:51).

Jesus nos dá uma lição incrível aqui. Ele nos mostra como vencer a ansiedade em nossas vidas.

A lição é a seguinte: a submissão é a melhor arma contra a ansiedade. Enquanto ela tem o poder de destruir o futuro de uma pessoa, a submissão tem o poder de cumprir os sonhos que essa pessoa tem.

O que a submissão desenvolve em sua vida?

1) Sabedoria

Jesus sabia o que tinha de fazer, mas voltou e continuou crescendo em sabedoria. É importante entender que a sabedoria é o melhor recurso que um homem pode adquirir para viver na terra (Provérbios 2:6,7) e que ela pode ser sua melhor amiga. Quando somos submissos, aprendemos a nos dedicar na busca do que realmente é importante, e o que importa na terra tem a ver com o segundo passo para se evitar a frustração, que é jamais colocar a expectativa nas pessoas e aprender a colocá-la totalmente em Deus.

Quando colocamos a expectativa em Deus, percebemos que ele deseja agir por intermédio de nossas vidas. A ideia é que aonde quer que eu vá e o que quer que eu faça, preciso ser uma extensão do agir de Deus na terra.

Mas a questão é que somos seres humanos e sozinhos jamais conseguiremos viver dessa maneira. Por quê? Porque somos falhos e lutamos contra a influência da carne quase que diariamente. Porém, quando uma pessoa entende a importância da sabedoria, em vez de ficar preocupada com duzentas mil coisas, ela aprende a buscar o que realmente é necessário para se viver, que é a verdadeira sabedoria.

O rei Davi foi um dos homens mais admirados em Israel. Até hoje, as pessoas o admiram. Minha esposa viu, em seu túmulo, uma mulher chorando, mesmo agora nos anos dois mil. Quando ele morreu, e Salomão precisou assumir o trono, ele se viu desesperado, pois como substituir uma pessoa tão admirada e bem quista como seu pai, Davi? A comparação seria inevitável, e Salomão sabia que o peso seria demais para ele. O que fazer então?

> Naquela mesma noite, apareceu Deus a Salomão e lhe disse: Pede-me o que queres que eu te dê.
> Respondeu-lhe Salomão: De grande benevolência usaste para com Davi, meu pai, e a mim me fizeste reinar em seu lugar. Agora, pois, ó SENHOR Deus, cumpra-se a tua promessa feita a Davi, meu pai; porque tu me constituíste rei sobre um povo numeroso como o pó da terra. Dá-me, pois, agora, sabedoria e conhecimento, para que eu saiba conduzir-me à testa deste povo; pois quem poderia julgar a este grande povo?
>
> (2Crônicas 1:7-10)

Se você quer evitar o estresse e a frustração em sua vida, peça sabedoria a Deus para vencer a ansiedade.

Isso tem tudo a ver com um relacionamento pessoal com ele. Acredite em algo: sozinho e na sua força você não irá muito longe. Se for, chegará cansado e sobrecarregado.

2) Paciência

Crescer não é fácil. Costumo dizer que crescer dói e amadurecer custa caro. Na academia se diz que sem dor não há ganho. Agora, se crescer por fora não é fácil, imagina crescer por dentro? Só se cresce por dentro quando se aprende a ser submisso, e nessa submissão aprendemos a ouvir verdades, a enfrentar injustiças, a confiar na justiça de Deus, a esperar o tempo certo de se fazer o que é o certo e a desenvolver fé no que realmente importa.

Isso nos leva à próxima lição!

3) Reconhecimento e exposição

Guarde algo: sempre haverá duas maneiras de se fazer as coisas, a sua maneira e a maneira de Deus. A diferença é que, da sua maneira, o uso da força será maior; já da maneira de Deus ele irá à frente.

Haverá esforço da nossa parte, mas nem se compara com quem tenta fazer do próprio jeito. Quando as coisas acontecem da maneira de Deus, ele gera as conexões de ouro que promoverão você. Da sua maneira, você acaba se envolvendo em alianças comprometedoras e, com o tempo, perceberá que esses relacionamentos foram mais destrutivos do que construtivos.

Quantas pessoas estão tentando forçar uma situação e pagando caro para tentarem chegar aonde um dia sonharam em ir. Estou falando da pessoa que está, a todo custo, tentando se autopromover e também daquela que está, na base dos empurrões, tentando alcançar seu lugar ao sol. Sei que, nesse mundo competitivo, quem não chora não mama, mas, quando falamos de confiança em Deus, precisamos entender que ele não precisa da nossa ajuda para nos fazer chegar aonde devemos ir.

Uma vez me perguntaram: "Biga, quando você vê uma tartaruga em cima do muro, o que você pensa?". Respondi: "Que alguém a colocou ali!". A pessoa me disse então: "Assim é com quem Deus quer promover!" Ou seja, quando você perceber, Deus o promoveu e cumpriu completamente o que havia prometido.

Essa mesma pessoa me contou a história do evangelista americano Billy Graham. A história conta que ele fazia pequenas mensagens para um jornal local. Certo dia, o dono de um jornal com circulação nacional viu essas mensagens e disse: "Vou ajudar esse homem a espalhar essa mensagem. Então, do dia para a noite, o país inteiro ficou conhecendo esse missionário". Talvez você esteja se perguntando: "Até quando, Biga? Até quando eu devo aguardar? Como saber que é a hora certa de fazer o que é o certo?

Vamos lá! Jesus se submeteu a seus pais. Mesmo sabendo o que tinha de fazer, retrocedeu e aguardou. Mas aguardou quanto tempo? Jesus ficou 18 anos na marcenaria com seu pai, aguentando clientes, consertando cadeiras e fabricando mesas. Talvez ele pudesse ter dito: "Puxa! Não fui chamado para isso", mas Jesus sabia que era aquilo que a vida pedia que ele fizesse no momento. Assim como José do Egito sabia que precisava administrar uma prisão antes de administrar uma nação, Jesus estava lá e, com 30 anos, acontece algo: ele está em uma festa de casamento e sua mãe pede para que ele faça um milagre. O detalhe é que ela não só pede como insiste no pedido. Repare no seguinte: Quem foi que, 18 anos antes, pediu para Jesus voltar com ela? Sua mãe! E quem foi que deu o *start* no ministério de Jesus? A mesma pessoa, a mãe! Isso é muito forte, pois vejo que Deus respeita autoridades estabelecidas. "Biga, você não conhece quem é que está me perseguindo. Ele nunca vai me abençoar! Nunca me deixarão fazer isso! Jamais me entenderão!". OK! Mas sabe o que a Bíblia diz sobre isso?

> Todo homem esteja sujeito às autoridades superiores; porque não há autoridade que não proceda de Deus; e as autoridades que existem foram por ele instituídas.
> De modo que aquele que se opõe à autoridade resiste à ordenação de Deus; e os que resistem trarão sobre si mesmo condenação.
>
> (Romanos 13:1,2)

Tenho aprendido que cada um tem o chefe que merece, tem o cônjuge que merece e tem o líder que merece. Por mais que seu líder seja duro e não faça questão de entendê-lo, aprenda uma coisa: "Como ribeiros de águas, assim é o coração do rei na mão do Senhor; este, segundo o seu querer, o inclina" (Provérbios 21:1).

A mesma pessoa que puxou Jesus para trás foi a que o impulsionou. Ou seja, quer evitar o estresse e a frustração em sua vida? Aprenda a combater a ansiedade em seu coração. Aprenda a esperar a hora certa de fazer o que você já sabe ser o certo e aprenda também a esperar Deus mover o coração da sua liderança. Veja isso como um sinal do tempo de Deus para sua vida.

José não pediu para falar com Faraó, foi o Faraó que o chamou. Davi não foi atrás de Samuel para receber uma unção, e sim o contrário. Sua autoridade será o sinal de Deus para o início do seu chamado e para o 'start' do seu sonho. Enquanto isso, pratique a submissão, adquira sabedoria, aprenda a ter mais paciência e espere Deus o reconhecer e o expor.

CAPÍTULO 4

APRENDA A PARAR E PENSAR ANTES DE AGIR

Melhor é o longânimo do que o herói da guerra,
e o que domina o seu espírito, do que o que toma uma cidade.

Provérbios 16:32

Acredito que uma das formas de o estresse e a ansiedade entrarem na vida de uma pessoa é quando esta se encontra no lugar errado, pois tudo na vida é uma questão de encaixe. Desde cedo, queremos ter o sentimento de pertencimento, e é exatamente por isso que existem pessoas que tentam várias coisas até se encontrarem ou serem recebidas em suas turmas.

Na minha pré-adolescência e adolescência, sempre quis ser aceito. Andei com uma galera que curtia *punk*, depois com outra que bebia bastante, até me encontrar no *skate*. Por que isso acontece com a gente? Porque o homem foi criado para pertencer a um jardim, e jamais foi o desejo de Deus que o homem vivesse longe de lá. Mas o que era o jardim? Era o lugar da presença de Deus, o lugar onde céus e terra se uniam e onde a vontade do homem se confundia com a vontade de Deus.

Em outras palavras, você e eu não fomos criados para viver longe da presença de Deus. Toda vez que alguém está longe da presença dele, o sentimento de que há algo fora do lugar é despertado no coração humano. E uma vez que esse alerta é ligado, muita coisa se inicia em nosso interior, a ponto de provocar em nós estresse e frustração. É por isso que a serpente apareceu no jardim.

Costumo dizer que em todo jardim, em todo lugar que Deus sonha para sua vida, haverá uma serpente. Quando uma pessoa se encontra na vida, essa serpente, que nós sabemos que é o nosso inimigo, fará de tudo para que ela saia desse lugar, pois nosso inimigo sabe que uma pessoa frustrada é alguém sem impacto no mundo espiritual.

Já comentei sobre isso, mas vale a pena repetir: nosso inimigo não tem medo de nós, mas teme o que nos tornamos ou nos tornaremos em Deus, por isso ele fará de tudo para que você saia dessa presença, saia desse jardim e saia desse lugar de pertencimento. Uma vez que você parta, é questão de tempo para se encontrar com a frustração, e uma vez frustrado, sua paixão esvazia, sua motivação vai embora e seu impacto diminui. Por esse motivo, precisamos entender que Deus é um Deus de propósito. Nada do que ele criou foi estabelecido sem um objetivo.

Quando Deus criou você, ele criou um jardim, um lugar onde você florescerá, onde suas sementes vingarão e onde seu coração se alegrará. O detalhe é que ele não só cria uma pessoa para viver em determinado lugar, mas a dota de dons e talentos para que possa cumprir esse propósito.

Neste capítulo, quero falar sobre um homem que tinha tudo para cumprir um propósito divino e ficar conhecido como um herói. Mas, por nunca parar para pensar — pelo contrário, sempre agia com a cabeça quente —, acabou se transformando em um exemplo de como não se deve fazer as coisas. Estou falando de Sansão. Vou lhe contar um pouco do contexto para você entender essa história.

Os filisteus foram inimigos de Israel até a época do reinado de Davi. Eles oprimiram Israel por mais tempo que qualquer outro opressor. Sua maneira de dominar, contrária a dos moabitas e midianitas, se realizava pela infiltração, como casamentos mistos, comércios e outros contratos pacíficos. Isso era mais perigoso, porque ameaçava dominar integralmente uma nação. Soma-se a esse cenário a desobediência do povo de Israel (Juízes 13:1).

Precisamos entender que todo "chamado" e todo "propósito" são uma solução para algum problema. Alguém com problema precisa do que Deus colocou dentro da sua vida. Alguém com problema de saúde precisa de um médico. Alguém com problema no carro precisa de um mecânico. Alguém com problema financeiro precisa de um assessor financeiro e alguém com problema espiritual precisa de um ministro. Tudo que o povo precisava era de alguém que fizesse justiça, e, para isso, Deus levantou juízes.

> Havia um homem de Zorá, da linhagem de Dã, chamado Manoá, cuja mulher era estéril e não tinha filhos.
> Apareceu o Anjo do SENHOR a esta mulher e lhe disse: Eis que és estéril e nunca tiveste filho; porém conceberás e darás à luz um filho. Agora, pois, guarda-te, não bebas vinho ou bebida forte, nem comas coisa imunda; porque eis que tu conceberás e darás à luz um filho sobre cuja cabeça não passará navalha; porquanto o menino será nazireu consagrado a Deus desde o ventre de sua mãe; e ele começará a livrar a Israel do poder dos filisteus.
>
> (Juízes 13:2-5)

Deus viu o problema e levantou a solução. Você percebe aqui uma ação sobrenatural de Deus, já que a mulher era estéril e não podia ter filhos. Ele então age e coloca a solução dentro dela. Qual era o nome da solução? Sansão. Ele era um menino consagrado, e o que me garante isso é a forma pela qual foi concebido, a palavra que ele tinha, o chamado que estava sobre ele e o dom que carregava. Outra questão interessante aqui é a sabedoria do pai de Sansão. Ao saber que o menino tinha um chamado, Manoá pede sabedoria a Deus para poder criar aquela criança.

Ao longo do texto, vemos que o menino contava com o favor de Deus e com os ensinamentos dos pais sobre a unção que ele carregava. Em outras palavras, Sansão tinha tudo para ser um dos grandes heróis que esse mundo conheceu.

A questão é que não importa muito como você começa algo, e sim como você conduz o que começou e como irá terminar. Sansão cometeu alguns erros durante o processo, tudo porque não deu valor ao quarto passo para se evitar a frustração: pensar antes de agir.

> Desceu Sansão a Timna; vendo em Timna uma das filhas dos filisteus, subiu, e declarou-o a seu pai e a sua mãe, e disse: Vi uma mulher em Timna, das filhas dos filisteus; tomai-ma, pois, por esposa.
>
> (Juízes 14:1,2)

Havia muitas mulheres no meio do seu povo, mas Sansão foi procurar uma esposa bem no meio dos inimigos. Todos sabemos que um casamento significa aliança, então, o que vemos aqui é Sansão fazendo a coisa certa, mas no lugar errado e com a pessoa errada. *Então, para evitar o estresse e a frustração, não faça aliança em terra estranha e perigosa.*

Quantas pessoas têm se encontrado com a frustração porque estão fazendo alianças nos lugares errados, assinando contratos que jamais deveriam ser assinados, fechando vendas que trouxeram mais dor de cabeça do que alívio, fazendo parcerias que acabaram não sendo tão bem-sucedidas assim. Isso tudo porque as pessoas simplesmente se envolveram em alianças, contratos, com quem nunca deveriam se envolver. A pergunta é: como saber se uma aliança é correta ou não?

Uma das maneiras de não nos darmos mal em alianças erradas é ouvir aqueles que exercem autoridade sobre nós. Quem são as pessoas que você anda ouvindo atualmente? Entenda que nem todo mundo que você ouve realmente quer o seu bem. Quem você precisa ouvir? Aqueles que têm responsabilidade com seu futuro!

Contudo, saiba que esses nem sempre falarão o que você quer ouvir no presente, por isso é tão difícil se abrir para pessoas que estão acima de nós. Aprenda a ouvir autoridades e a honrar pessoas que estão pagando um preço alto para vê-lo chegando bem ao final.

Evite se alimentar do que é impuro

Sansão era nazireu de Deus, ou seja, nem perto de corpo morto ele podia se aproximar, mas ele não prestou atenção nesse pequeno detalhe. Os nutricionistas dizem que o homem é o que ele come. O detalhe é que a Bíblia diz que nem só de pão viverá o homem, mas da Palavra que procede da boca de Deus. Em outras palavras, o que alimenta o homem não tem a ver com o que ele come, mas com aquilo que ele ouve. Muitos estão permitindo que outras vozes que não a do Espírito Santo guiem suas vidas.

Existem inúmeras vozes e sons no mundo, e todo som tem um objetivo. Quando você entra em um ambiente, o som que está ali comunica algo. Por exemplo, você não vai ao *shopping* e ouve uma música triste. Pelo contrário, sempre há uma música alegre que faz com que a pessoa se sinta poderosa e não pense antes de gastar. Quando você vai a uma academia, a música ali estimula o treino. Ninguém fica ouvindo música triste para treinar.

Outro exemplo é na igreja. O som que é gerado nesse ambiente antes da Palavra tem um objetivo: fazer a conexão entre céus e terra e elevar um som que agrade a Deus. Louvamos porque queremos produzir um ambiente onde Deus tenha liberdade para agir. Entretanto, existe o outro lado.

Um dia, um amigo, na igreja, comentou de certas afinações nos instrumentos que, por si só, já causam angústia nas pessoas que a ouvem. Então, não importa a letra cantada, a afinação já foi feita para trazer males. O que estou querendo dizer é que existem algumas vozes ao nosso redor que não fazem bem para nós. Portanto, evite entrar em conversas destrutivas.

Quando for dar ouvidos a alguma conversa, lembre-se do que a Bíblia diz em Filipenses 4:8: "Finalmente, irmãos, tudo o que é verdadeiro, tudo o que é respeitável, tudo o que é justo, tudo o que é puro, tudo o que é amável, tudo o que é de boa fama, se alguma virtude há e se algum louvor existe, seja isso o que ocupe o vosso pensamento".

Sempre se pergunte: Essa conversa é respeitosa? É justa? É pura? Traz boa fama? Há algum louvor nisso? Se a resposta a essas perguntas for "Não", então não há razão de continuar em conversas destrutivas.

Sansão se esqueceu de um pequeno detalhe: geralmente o que mata um homem não são as grandes coisas, mas as pequenas brechas que ele vai permitindo em sua vida. Toda luta do inimigo será pelo controle do seu Estado Emocional; e ele sabe que seus pensamentos dizem muito sobre sua conduta. É por isso que a Bíblia nos ensina: "Quero trazer à memória o que me pode dar esperança" (Lamentações 3:21).

Evite se divertir em meio aos inimigos

Precisamos tomar cuidado, pois a forma mais eficaz de viver a frustração é se relacionando com pessoas erradas.

O meu livro anterior, *O poder e o impacto de uma visão*, possui um capítulo inteiro falando sobre a importância de cuidar dos nossos relacionamentos. Quero abordar um pouco desse mesmo assunto aqui, para alertar, pois, quando você sabe aonde quer chegar, precisa ter cuidado com quem anda ao seu redor. Então, lhe faço uma pergunta: Quem são aqueles que têm acesso à sua intimidade? Quem são aqueles que têm acesso ao seu coração?

Precisamos entender que toda amizade incomum atrairá uma inimizade incomum, então, nosso papel é saber discernir quem são as "cobras" em nossas vidas. A vida é feita de relacionamentos, e eles são como botões de um elevador, ou seja, alguns o levarão para cima, mas a maioria o levará para baixo. Quer você reconheça ou não, todo relacionamento o levará para algum lugar. Na realidade, o relacionamento que você construiu até hoje o transformou na pessoa que é.

Quando se fala de relacionamentos, existe uma lei que explica sobre isso, a chamada lei da concordância, que diz ser impossível conviver com pessoas cujos valores sejam divergentes dos nossos. É interessante porque você passa a ser como aqueles a quem se associa, por isso, precisamos tomar cuidado com quem nos associamos (Amós 3:3).

Entenda que a qualidade de sua vida dependerá de quem você chama de amigo. Uma pessoa que quer forçá-lo a quebrar um princípio que você considera ser correto não deve ser chamada de amigo, e sim de inimigo. Portanto, guarde algo: você não pode se dar ao luxo de se envolver com as pessoas erradas.

Tenho aprendido que, quando eu retiro as pessoas erradas do meu caminho, as coisas erradas param de acontecer. Enquanto o céu está pronto para fazer você prosperar, nosso inimigo designa pessoas para acabar conosco. Obedeça aos princípios divinos e atraia as pessoas certas para sua vida.

Evite passar a noite em um lugar imoral

Sempre haverá vozes querendo lhe dizer que não tem nada a ver frequentar certos lugares, mas nós precisamos entender que todo ambiente gera resultados em nossas vidas. Enquanto na igreja se produz vida, um lugar imoral produz morte.

Em 1Coríntios 6:12, Paulo nos diz que "Todas as coisas me são lícitas, mas nem todas convêm. Todas as coisas me são lícitas, mas eu não me deixarei dominar por nenhuma delas". Esse texto está dizendo que o que não convém é exatamente o que tem o poder de exercer domínio sobre sua vida. Existem lugares que têm o poder de dominá-lo. Pode ser o domínio de sua agenda ou de sua saúde, ou, ainda, de sua vida.

Existem pessoas que não conseguem ficar sem passar em casas de jogos ou em outros em ambientes altamente destrutivos. Vamos mais fundo. Você já viu alguém querendo deixar de beber ou de usar droga? Perceba que essa pessoa não pode passar nem perto de um bar ou de uma boca de fumo. Por quê? Porque o ambiente é dominador, e, uma vez que você coloca os pés lá, sair é totalmente delicado. Por isso, a Bíblia nos diz: "Alegra-te, jovem, na tua juventude, e recreie-se o teu coração nos dias da tua mocidade; anda pelos caminhos que satisfazem ao teu coração e agradam aos teus olhos; sabe, porém, que de todas estas coisas Deus te pedirá contas" (Eclesiastes 11:9).

Evite brincar com o perigo

Sabe por que muitas pessoas se frustram durante a caminhada? Porque amam arriscar sua vida brincando com o perigo. Sabe qual é uma das formas de se brincar com ele? Abrindo sua vida para pessoas que você mal conhece.

Sansão conheceu uma mulher chamada Dalila e começou a contar sobre sua vida. Essa parte se confunde com o que falei em relação aos relacionamentos. A diferença é que lá falei sobre pessoas que andam com você, aqui estou falando sobre pessoas que você acabou de conhecer, pois você pensa que, por ter coisas em comum com alguém, já pode colocar a mão no fogo por ela. Cuidado! Toda amizade precisa passar pelo teste do tempo, pois ele sempre mostrará quem a pessoa realmente é.

Precisamos ficar de olhos abertos, pois existem muitas Dalilas por aí. Mas quem são as Dalilas da atualidade? Dalila significa uma pessoa dócil, delicada, frágil e oscilante, ou seja, Dalila é uma pessoa astuta, e não necessariamente uma mulher. Dalila sabia da força de Sansão e, para forçá-lo a revelar um segredo, ela age com doçura, usa palavrinhas carinhosas, falando o que ele queria ouvir.

Cuidado com quem não fala a você uma verdade, que apenas o enche de elogios. Em vez de perceber a astúcia de Dalila, Sansão foi brincando com o perigo (Juízes 16:5-14) e não percebeu o seu jogo.

Creio que Sansão já estava com o coração cauterizado e completamente cego com relação ao perigo iminente, pois ele foi cometendo vários erros e "pisando na bola" nas pequenas coisas. Sansão fez aliança em terra estranha e perigosa, alimentou-se do que era impuro, divertiu-se no meio de inimigos, passava a noite em lugares imorais e vivia brincando com o perigo. É claro que ele não conseguiria perceber o jogo em que estava entrando: ele estava cego! Essa cegueira espiritual o levou à cegueira física e, consequentemente, o levou à morte (Juízes 16:15-21).

Qual é a consequência de se brincar com o perigo? "Porque ele não sabia ainda que já o SENHOR se tinha retirado dele" (v. 20). Foi o que aconteceu com Sansão: um homem que nasceu para ser um herói acabou sendo reconhecido pelos inimigos como um herói frustrado, pois jamais aprendeu a parar e pensar antes de agir.

Você nasceu para realizar um plano divino, por isso, entenda os princípios aqui ensinados e os coloque em prática. Aprenda a parar e pensar antes de agir. Evite fazer aliança em terra estranha e perigosa. Evite se alimentar do que é impuro. Evite divertir-se em meio aos inimigos. Evite passar a noite em um lugar imoral e brincar com o perigo. Tem como viver assim? Claro que sim!

Toda força de que precisamos para não errar está em Deus. Peça, então, ao Senhor força mais uma vez, pois ele é especialista em levantar aquele que caiu.

CAPÍTULO 5

APRENDA A HORA DE FALAR A HORA E DE CALAR

Tudo tem o seu tempo determinado,
e há tempo para todo propósito debaixo do céu.

Eclesiastes 3:1

Eclesiastes 3:1 diz que há tempo para falar e tempo para se calar. Vamos estudar melhor o que isso significa. Primeiramente, falaremos sobre a fala. Uma das maiores dádivas do ser humano é a capacidade de falar, isso porque nossas palavras são recheadas de poder. Na criação do mundo, Deus usou o poder de sua palavra.

No princípio, criou Deus os céus e a terra.
Disse Deus: Haja luz; e houve luz.

(Gênesis 1:1,3)

Dessa forma, tudo na terra foi sendo formado por meio da palavra dele.

Quando você estuda sobre o poder da palavra, percebe que o som que sai da sua boca produz resultados aqui na terra (Mateus 15:11).

É por isso que a Bíblia também diz:

> A morte e a vida estão no poder da língua; o que bem a utiliza come do seu fruto.
>
> (Provérbios 18:21)

> Porque todos tropeçamos em muitas coisas. Se alguém não tropeça no falar, é perfeito varão, capaz de refrear também todo o corpo.
>
> (Tiago 3:2)

Existem pessoas que estão com seu futuro totalmente comprometido, por causa do mau uso de suas palavras. Isso porque, quando utilizam suas palavras de maneira negativa, elas produzirão resultados. Vou lhe dar alguns exemplos.

A Bíblia conta a história de como Davi enfrentou o inimigo do povo de Israel chamado Golias.

Davi foi até o rei Saul e pediu autorização para entrar naquela guerra. Porém, quando ele chegou para a batalha, acreditando em uma promessa de Deus e no favor do Senhor sobre sua vida, percebemos o seguinte: a batalha não começou com a troca de golpes, pois não era uma luta de escudos e lanças, nem de carros e cavalos, mas de palavras. Vivemos uma época de batalhas, por isso devemos saber como usar as palavras. Perceba que Davi nunca chamou Golias de Gigante:

> Falou Davi aos homens que estavam consigo, dizendo: Que farão àquele homem que ferir a este filisteu e tirar a afronta

de sobre Israel? Quem é, pois, esse incircunciso filisteu, para afrontar os exércitos do Deus vivo?

(1Samuel 17:26)

Davi não chamou Golias de Gigante porque se recusava a declarar com suas palavras que seu inimigo era maior do que o Deus que estava com ele. Veja o detalhe aqui: Golias se apresentou durante 40 dias, falando ao povo e dizendo que lhe enviassem um homem para lutar contra ele. Se ele vencesse, Israel se tornaria seu escravo, mas, se ele era tão poderoso e tão convicto de que era o melhor, por que teve que falar isso várias vezes ao dia e por tantos dias? Sabe o que tenho aprendido? Que não vamos perder uma batalha a não ser que sejamos convencidos de que iremos perdê-la. Quantas pessoas passam a vida usando suas palavras de uma maneira destrutiva, permitindo, assim, que essas palavras causem danos à sua fé.

Entenda: se uma palavra já está no seu coração, é porque passou pelo filtro da sua mente (Mateus 12:34b, Provérbios 23:7).

Suas palavras têm poder. Quantas pessoas têm se frustrado na vida simplesmente porque estão profetizando o mal para si mesmas, pois são as primeiras a não acreditarem em seu potencial e a dizerem que as coisas não darão certo e que não nasceram para ser felizes!

Entenda que todas as batalhas em sua vida só serão vencidas quando você se convencer de que mais poderoso é o que está contigo do que o que está no mundo.

Então, Elias, o tesbita, dos moradores de Gileade, disse a Acabe: Tão certo como vive o Senhor, Deus de Israel, perante cuja face estou, nem orvalho nem chuva haverá nestes anos, segundo a minha palavra.

(1Reis 17:1)

DA FRUSTRAÇÃO À REALIZAÇÃO

> Elias era homem sujeito às mesmas paixões que nós e, orando,
> pediu que não chovesse e, por três anos e seis meses, não cho-
> veu sobre a terra.
>
> (Tiago 5:17)

Sabe qual a diferença entre Elias, você e eu? Nenhuma! A Bíblia diz que ele era homem sujeito às mesmas paixões que nós, contudo, ele orou! O problema é que nós agimos contrariamente à fé que queremos ter. Muitos usam suas palavras para falar de algo que não vivem, em vez de se alegrar com o que vivem.

E Elias fez o quê? Orou! E o que Jesus disse? Todos que tiverem fé em Deus, o que disserem, acontecerá!

Você não poderá viver de maneira diferente de suas palavras. Por exemplo, se você vive falando mal de suas finanças, vive falando que nada acontece em sua vida, vive falando mal de seu cônjuge ou de seus filhos, como você quer que as coisas melhorem? Impossível!

> Veio-lhe a palavra do SENHOR, dizendo:
> Retira-te daqui, vai para o lado oriental e esconde-te junto à
> torrente de Querite, fronteira ao Jordão. Beberás da torrente; e
> ordenei aos corvos que ali mesmo te sustentem.
> Foi, pois, e fez segundo a palavra do SENHOR; retirou-se e habi-
> tou junto à torrente de Querite, fronteira ao Jordão.
> Os corvos lhe traziam pela manhã pão e carne, como também
> pão e carne ao anoitecer; e bebia da torrente.
>
> (1Reis 17:2-6)

Isso é uma loucura! Deus enviar carne no bico de um corvo é algo muito delicado, pois corvos são carnívoros! Perceba aqui a lição: corvo é um símbolo de maldade e de traição.

Há um provérbio que diz: Crie corvos e eles comerão seus olhos! Então, por que Deus usou esse exemplo aqui? Por que Deus usou corvos e não pombas? Para nos mostrar que devemos aprender a abençoar quem nos amaldiçoa, porque os que um dia quiseram tirar seus olhos poderão, no outro, ser usados para o abençoar. Em outras palavras, sempre devemos dar de comer a nossos corvos, pois nunca saberemos se aqueles que hoje nos criticam não serão os que nos abençoarão amanhã. Por isso, devemos abençoar, e não amaldiçoar os que nos perseguem.

> Mas, passados dias, a torrente secou, porque não chovia sobre a terra. Então, lhe veio a palavra do SENHOR, dizendo: Dispõe-te, e vai a Sarepta, que pertence a Sidom, e demora-te ali, onde ordenei a uma mulher viúva que te dê comida. Então, ele se levantou e se foi a Sarepta; chegando à porta da cidade, estava ali uma mulher viúva apanhando lenha; ele a chamou e lhe disse: Traze-me, peço-te, uma vasilha de água para eu beber. Indo ela a buscá-la, ele a chamou e lhe disse: Traze-me também um bocado de pão na tua mão. Porém ela respondeu: Tão certo como vive o SENHOR, teu Deus, nada tenho cozido; há somente um punhado de farinha numa panela e um pouco de azeite numa botija; e, vês aqui, apanhei dois cavacos e vou preparar esse resto de comida para mim e para o meu filho; comê-lo-emos e morreremos.
>
> (v. 7 a 12)

Deus estava cumprindo a palavra do profeta, que havia dito que não haveria chuva. E, ao longo do texto, vemos que primeiro se cumpriu a palavra do profeta, depois se cumpriu a palavra de Deus, e, além disso, também se cumpriu a palavra da mulher de Sarepta. Sabe qual a lição aqui? A lição é que todas as palavras se cumprem! Tudo o que você disser, crendo, irá acontecer! Elias disse: "Não vai chover", e não choveu. Deus disse: "Não faltará farinha", e não faltou. A mulher disse: "Meu filho morrerá", e seu filho morreu!

Existem muitas coisas que estão acontecendo em sua vida que não foi porque Deus não falou ou porque seu pastor não falou, mas porque está se cumprindo o que você tem falado. Isso porque, muitas vezes, você crê mais em suas palavras do que nas palavras de Deus e de seus profetas.

É tempo de os filhos de Deus alinharem suas palavras com as palavras dele. Se Deus disse, está dito! Se Deus disse que irá curá-lo, você precisa crer e dizer "amém!" Se Deus disse que salvará a ti e a tua casa, você também precisa dizer "amém!" e acreditar nisso. Se Deus disse que você verá milagres em sua casa, seu papel é apenas acreditar e falar de acordo com sua fé.

Para isso, tome muito cuidado com quem você anda, porque a Bíblia diz que as más conversações corrompem os bons costumes. Alguns minutos de conversa podem sugar toda sua energia e fazê-lo deixar de acreditar no que você tem aprendido. Portanto, cuidado com suas palavras e com suas declarações.

Pastores e líderes, cuidado com o que vocês têm dito sobre suas igrejas. Cuidado com o que você tem dito sobre seu trabalho, sobre seus filhos e sobre seu cônjuge. Deus quer que falemos — e creiamos — apenas em uma coisa: suas promessas. Pare de falar sobre os males que tem passado e comece a declarar o que Deus lhe prometeu que irá viver!

Nós comeremos do fruto de nossos lábios, e é exatamente por isso que não me canso de injetar ânimo e fé em sua vida. Quero que as pessoas que frequentam a minha igreja e leem os meus livros aprendam, sim, que o mundo jaz no maligno, mas, também quero que aprendam que, por mais que o maligno esteja se levantando, a igreja também está se levantando no poder do Espírito Santo. A perseguição virá, sim, mas também virá o maior avivamento já visto na história!

Quero que as pessoas saiam da igreja sabendo que Deus é infinitamente mais poderoso que qualquer ataque inimigo. Uma pessoa que sabe usar suas palavras com certeza evitará o estresse e a frustração. No entanto, precisamos ver o outro lado da moeda: a Bíblia diz que há tempo para tudo debaixo do céu, tempo de falar e tempo de estar calado (Eclesiastes 3:7). Então, assim como falar é uma bênção, saber a hora de calar-se também é (Provérbios 17:28, Eclesiastes 5:2,3).

No livro *O que significa ser tão sábio quanto uma serpente*, Dag Heward-Mills comenta sobre o que Jesus quis dizer no texto de Mateus 10:16: "Eis que eu vos envio como ovelhas para o meio de lobos; sede, portanto, prudentes como as serpentes e símplices como as pombas". Ele explica as sete razões pelas quais as serpentes são consideradas sábias, e uma delas me chamou muito a atenção.

A maioria dos animais, quando se aproximam, se permitem ser notados, pois muitos deles emitem sons e fazem barulho. Já as serpentes são diferentes, pois elas raramente perturbam alguém. Certa vez, um encantador de serpentes em Bangladesh encontrou 3.500 cobras venenosas e seus ovos escondidos debaixo dos pisos de duas casas suburbanas. A pergunta que fica é: como pode haver 3.500 cobras sob o piso da sua sala e não perceber? Geralmente, animais perigosos estão soltos na selva ou confinados em um jardim zoológico, mas essas serpentes viviam perto dos seres humanos e prosperavam porque usavam a chave-mestra do silêncio. Guarde uma frase: o silêncio é uma arma poderosa que permite que você realmente se oculte, floresça e prospere. O silêncio é poderoso! Quando falamos de silêncio, precisamos entender todo o contexto que o silêncio carrega com ele. Um deles é o ato de se ocultar. Sobre esse assunto, Provérbios 25:17 diz: "Não sejas frequente na casa do teu próximo, para que não se enfade de ti e te aborreça".

Há pessoas que amam aparecer, pois aprenderam que quem não aparece não é lembrado, só que, quanto mais você é visto, mais você será desprezado. Tenho aprendido que, quando chega a hora de Deus nos promover, iremos nos lembrar de Salmos 113:7,8: "Ele ergue do pó o desvalido e do monturo, do monte de lixo, o necessitado, para o assentar ao lado dos príncipes, sim, com os príncipes do seu povo". Quando Deus quer promover alguém, ele pinça essa pessoa de onde ela estiver, assim como fez com José, que foi levantado de dentro da prisão diretamente ao governo. Acredito que Deus pode fazer isso na sua vida também.

O silêncio nos ensina a conquistar o respeito das pessoas de fora. Se você quer que as pessoas tenham respeito por você, aprenda a manter a calma e ficar em silêncio quando estiver em meio a reuniões. A serpente que se encontra parada na grama, sem fazer um som, é um dos animais mais temidos e respeitados do mundo.

O silêncio também protegerá seus sonhos de uma exposição prematura. Lembra de José? O maior erro dele foi contar seu sonho para seus irmãos. Tenho aprendido que certos níveis de exposição não são necessários o tempo todo. Quando o ministério de Jesus foi exposto, foi uma questão de tempo até que ele fosse morto.

Além disso, o silêncio irá nos qualificar para nos aproximarmos de pessoas importantes. Perceba que pessoas que falam demais não podem trabalhar em lugares sensíveis. Daniel, Sadraque, Mesaque e Abede-Nego foram considerados aptos e podiam estar no palácio do rei. Se você quer chegar ao mais alto nível de onde estiver, aprenda a fechar a boca e não conversar a respeito de tudo o que você vê ou ouve.

Mais uma lição: o silêncio é a melhor maneira de lidar com os nossos acusadores. Jesus falava por horas quando estava na presença de amigos, mas, na presença de seus inimigos, ficava em silêncio. Precisamos aprender a garantir nossa paz quando estivermos diante de acusadores ou sofrendo injustiça. Lembrem-se de que a base de governo de Deus é a justiça, então, não tente fazer justiça com suas próprias palavras.

Outra lição: o silêncio vai ajudá-lo a não pecar com a boca. Você já percebeu como é fácil criticar, ser traiçoeiro, murmurar e reclamar? Repare:

onde há muito falatório, sempre há pecado envolvido (Provérbios 10:19).

O silêncio irá ajudá-lo a cumprir seu chamado e a ouvir a voz de Deus (Salmos 46:10). Nós somos pessoas de Deus, e tudo o que fazemos é para ele. Então, em se tratando de ministério, nosso maior trabalho é a oração. Muitos querem aparecer; outros querem falar, outros, ainda, querem cantar. Não há problema nisso, mas você precisa entender que o poder está em ficar em silêncio diante de Deus, pois é essa oração que lhe dará poder para falar e cantar (Mateus 6:5,6).

Geralmente, quem está ministrando comenta que ouviu tal palavra de Deus e que sentiu tal e tal direção. Muitos perguntam: Como é isso? Como posso ouvir a Deus também? É interessante porque ele não faz acepção de pessoas, mas com certeza faz acepção de atitudes. Sabe por que muitas vezes as pessoas não ouvem a Deus? Porque elas estão muito ocupadas conversando, tagarelando ou cantando.

Hoje em dia, não falta distração para fazer com que não nos calemos: Facebook, Instagram, e-mails, celular, WhatsApp... Há tanto barulho na vida das pessoas que elas não conseguem ouvir o Espírito Santo.

Temos de aprender a reduzir a velocidade, parar de fazer mil coisas ao mesmo tempo e, também, diminuir o barulho ambiente de nossas vidas. De uma maneira ou de outra, você ouvirá muitas vozes durante o dia. Ou você aprende a silenciar esses barulhos e ouvir a voz de Deus, ou ouvirá a voz do seu próprio julgamento.

> Então, um espírito passou por diante de mim; fez-me arrepiar os cabelos do meu corpo; parou ele, mas não lhe discerni a aparência; um vulto estava diante dos meus olhos; houve silêncio, e ouvi uma voz: Seria, porventura, o mortal justo diante de Deus? Seria, acaso, o homem puro diante do seu Criador?
>
> (Jó 4:15-17)

Perceba, nessa passagem, que, antes da voz, houve silêncio. Você precisa aprender a usar a quinta arma para evitar o estresse e a frustração em sua vida. Aprenda o poder que há em suas palavras e, quando abrir seus lábios, faça-o com responsabilidade, pois o que sair deles trará consequências à sua vida.

Além disso, aprenda também sobre o poder do silêncio. Sua sabedoria está em permanecer quieto na hora que precisa ficar quieto. Com certeza, se você colocar essas dicas em sua vida, o estresse e a frustração baterão em sua porta, mas não encontrarão nenhuma brecha pela qual possam entrar.

CAPÍTULO 6

RESPEITE SEUS LIMITES

Vinde a mim, todos os que estais cansados e
sobrecarregados, e eu vos aliviarei. Tomai sobre vós
o meu jugo e aprendei de mim, porque sou
manso e humilde de coração; e achareis
descanso para a vossa alma. Porque o meu jugo
é suave, e o meu fardo é leve.

Mateus 11:28-30

Se isso é real, por que, então, líderes estão se separando de seus cônjuges? E se não estão se separando, já estão cansados da vida familiar? Por que pais estão cansados de seus filhos? Por que filhos estão cansados de seus pais? Por que a vida para alguns se tornou um lugar horrível? Acredito que esta é a ideia do nosso inimigo: convencer-nos de que a vida não é tudo aquilo que Deus nos prometeu. E o que dá autoridade a ele? Saber que já deu certo lá atrás, desde a criação do universo.

Quando Deus criou Adão e Eva, tudo era perfeito, havia um paraíso ali e nele existiam várias coisas: abundância, liberdade, sustento, relacionamento e trabalho. É interessante, pois Deus havia criado toda sorte de alimentos para o homem e também todas as espécies de animais, aves e peixes. Logo, uma abundância de seres viventes estava sobre a terra.

Havia também liberdade para ir e vir e sustento, pois Adão poderia se alimentar do que o jardim produzia e desfrutar de um relacionamento com sua paternidade, ou seja, Deus e Adão andavam juntos e havia muito trabalho, pois Adão devia cuidar do jardim e dar nome para todos os animais.

E até aqui tudo bem, isso não estressa ninguém! Contudo, havia mais uma coisa no jardim, que foi o motivo que o homem usou para se desconectar da vida que tinha: limites.

> E o SENHOR Deus lhe deu esta ordem: De toda árvore do jardim comerás livremente, mas da árvore do conhecimento do bem e do mal não comerás; porque, no dia em que dela comeres, certamente morrerás.
>
> (Gênesis 2:16,17)

O erro de Adão foi quebrar esses limites. Ele tinha todo o jardim para cuidar e muito trabalho pela frente, no entanto, percebemos que a serpente, ao falar com Eva, colocou em "xeque" a palavra de Deus, colocando no coração da mulher dúvida sobre a promessa que haviam recebido. Essa dúvida fez com que os limites colocados por Deus fossem quebrados.

Todos nós sabemos que há uma fase de nossas vidas em que odiamos os limite, se essa fase é a da infância. Quando eu era criança, odiava os limites que meus pais colocavam sobre minha vida, contudo, foram esses limites que me ensinaram a ser um pai de família hoje em dia.

Chega uma hora que precisamos amadurecer, e pessoas maduras não podem agir como crianças, pois, ao serem imaturas, acabam trazendo frustrações para sua vida.

Se Deus coloca um limite na vida de uma pessoa, a ideia é que esse limite seja respeitado. Portanto, um dos passos para evitar o estresse e a frustração em nossas vidas é respeitar esses limites. Mas aqui entra algo muito sério: pessoas que usam essa frase para dar desculpas para a falta de resiliência. Em outras palavras, estou me referindo àquelas pessoas que dizem que estão no seu limite, mas, na realidade, não chegaram nem perto dos 50%. Vamos mais a fundo nesse estudo.

A lição que devemos aprender é a seguinte: quebre seus limites respeitando seus limites. Mas como assim? Isso parece muito paradoxal! Vamos entender melhor. A Bíblia conta a história de um grande homem de Deus chamado Elias. Ele carregava em seu próprio nome uma mensagem, pois seu nome significa "Jeová é Deus". Elias veio de Gileade, uma área de poucos moradores, além do rio Jordão, ou seja, alguém que não teve um maravilhoso começo. Pelo contrário, Deus buscou um homem que não era conhecido para poder confundir os grandes da época. Vejo que hoje não é diferente.

> Deus escolheu as coisas loucas do mundo para envergonhar os sábios e escolheu as coisas fracas do mundo para envergonhar as fortes; e Deus escolheu as coisas humildes do mundo, e as desprezadas, e aquelas que não são, para reduzir a nada as que são.
>
> (1Coríntios 1:27,28)

Deus deu a cada um de nós uma mensagem que precisa ser propagada. No entanto, muitas vezes deixamos de anunciar essa mensagem de Deus e começamos a imitar outras pessoas, tentando transmitir uma mensagem que não é a nossa.

Já falamos sobre esse assunto aqui. Já vimos que o primeiro passo para evitar o estresse e a frustração é não fazer comparação. Então, quando falo de transmitir uma mensagem, isso não tem muito a ver com "o que" você fala, e sim com a maneira como você vive.

Você precisa entender que, quando uma pessoa faz o que ela nasceu para fazer, ela está ministrando uma mensagem. Muitos se frustram porque pensam que transmitir uma mensagem tem a ver somente em estar atrás de um púlpito, mas não!

Para muitos, o púlpito é um tatame; para outros, é o palco de um teatro. Para outros, é como estar atrás de uma mesa de escritório e, para outros, ainda, é como estar em frente a uma máquina. Por exemplo, eu trabalhei 14 anos com grafite. Eu já era um homem de Deus e, ao fazer bem feito os desenhos, tive inúmeras oportunidades de compartilhar sobre minha fé.

Acredito que ninguém quer ouvir uma mensagem renovadora vindo de uma pessoa cuja vida não inspira ninguém. Se você reparar na vida de Noé, perceberá que a fórmula do sucesso da vida dele, que fez com que seus filhos e noras dessem ouvidos à sua mensagem, foi ter *coerência* entre seu falar e seu agir. Quando você entende sua real identidade, não só aprende a se aceitar, mas também a se aperfeiçoar, e esse aperfeiçoamento chamará a atenção das pessoas. Com essa atenção, você conseguirá entregar uma mensagem.

Em 1Reis 19:2, vemos que Elias tinha uma mensagem e começou a ver sinais a acompanhando. Ele, então, é muito usado pelo Senhor, até que essa unção atrai o ódio de algumas pessoas.

Seria inocência de nossa parte achar que a mensagem que Deus colocou sobre nós não atrairia ódio. Isso também estressa e traz frustração para muitos, pois uma pessoa "se mata" de trabalhar, faz o melhor que pode para entregar uma mensagem e, quando menos espera, tem alguém enfiando uma faca em suas costas.

Quantos não estão desanimando da vida porque foram traídos! Essa é uma lição para nós, pois todos teremos inimigos da cruz, mas eles não podem ditar o nível de felicidade de nossas vidas, porque, se fosse assim, Noé, Moisés, José, Davi, Daniel, Paulo e o próprio Jesus teriam desistido. A questão é que, mesmo tendo uma mensagem — e contando com a unção de Deus —, quando o ataque veio, Elias sentiu. "Temendo, pois, Elias..." (1Reis 19:3).

"Temendo, pois, Elias..." (1Reis 19:3). Que versículo tremendo! Ele nos mostra que Elias era um ser humano como nós. A própria Bíblia nos fala sobre isso em Tiago 5:17: "Elias era homem semelhante a nós, sujeito aos mesmos sentimentos".

Não há problema sentir medo, sentir a pressão e ficar apreensivo. O problema acontece quando você permite que isso o impeça de entregar a mensagem. Como exemplo disso cito o esporte que pratiquei durante 30 anos. Cheguei a me profissionalizar no *skate*, na modalidade *down hill*, competindo em alguns mundiais, tanto dentro quanto fora do Brasil. Estava acostumado a descer todo tipo de ladeira a mais de 80km/h, contudo, sempre antes de descer uma, sentia um certo "frio na barriga". Eu colocava o *skate* no topo de uma ladeira e dava uma respirada antes de descer.

O que estou querendo dizer é que uma dose de medo é até saudável, pois, no meu caso, me manteve vivo. O detalhe é que jamais deixei de descer uma ladeira por causa dele.

Elias chegou ao extremo. Ele se estressou com aquela situação e realmente se frustrou. Então, não estamos falando de qualquer um, mas de Elias, um homem que não conheceu a morte, pois foi transladado pelo Senhor. E se Elias chegou até o fundo do poço no que diz respeito aos seus sentimentos, imagina, então, o que não acontece conosco.

Como disse, não há problema em sentir-se pressionado, estressado e ter de tirar forças de onde não tem para seguir em frente. Porém, mesmo no fundo do poço emocional, é preciso agir como Elias e tomar algumas atitudes, pois são essas ações que evitarão o estresse e a frustração em nossas vidas.

Temendo, pois, Elias, levantou-se, e, para salvar sua vida, se foi, e chegou a Berseba, que pertence a Judá; e ali deixou o seu moço.

Ele mesmo, porém, se foi ao deserto, caminho de um dia, e veio, e se assentou debaixo de um zimbro; e pediu para si a morte e disse: Basta; toma agora, ó Senhor, a minha alma, pois não sou melhor do que meus pais.

(1Reis 19:3,4)

O desânimo e o cansaço se apoderaram da vida de Elias, mas ele se levantou para ficar a sós com Repare no seguinte: Berseba ficava a 160 km ao sul de Jezreel, ou seja, na hora da pressão, Elias bolou um plano. Ele precisava agir, senão, tomaria uma atitude com a "cabeça quente". Então, ele andou, andou e andou, e, depois, deixa seu companheiro e se afasta para um lugar a sós.

A pressão virá para todos nós, mas, antes de agir com a "cabeça quente", você precisa tomar uma atitude: afaste-se do ambiente que está lhe causando pressão. Quantas pessoas mudam sua vida por causa de uma atitude tomada no momento errado. Não aja dessa maneira. Quando a pressão vier, Deus espera que você se afaste temporariamente do ambiente, das pessoas, de tudo. Você precisa aprender a tirar um tempo a sós consigo e com Deus.

Elias se levantou, e, depois, desabafou. Ele pediu para Deus a própria morte! (v. 4). Embora estivesse cansado da viagem e de toda a situação, ele se abriu para Deus.

Sabe o que tem levado muitos a se estressarem e a se frustrarem com a vida? Desabafar com as pessoas erradas. Se você é um líder, nem todo mundo irá entender que você também é um ser humano. Infelizmente, muitos esperam que você viva com um sorriso no rosto e esteja sempre disponível.

Se você compartilhar com eles as pressões que está enfrentando, além de não receber ajuda, contribuirá para que o estresse entre na vida dessa pessoa também, pois ele dirá: "Puxa, se fulano não está aguentando a pressão, imagina eu!".

Sei que não é fácil deixar de falar com uma pessoa aqui na terra e desabafar com um Deus que você apenas sente e não vê. Mas aqui está o segredo:

> De fato, sem fé é impossível agradar a Deus, porquanto é necessário que aquele que se aproxima de Deus creia que ele existe e que se torna galardoador dos que o buscam.
>
> (Hebreus 11:6)

A Bíblia está dizendo que, se você crê, agradará a Deus, porque essa fé te faz buscá-lo. Muitos não vencem as crises da vida porque apenas dizem que creem em Deus, mas não o buscam na hora que mais precisam.

Deus, muitas vezes, quer nos ensinar que dizer que o amamos e que cremos nele quando tudo está bem é uma coisa, mas continuar crendo nele e o buscando quando a pressão chega é algo que realmente chama sua atenção.

Elias, então, se levanta e se afasta do ambiente de pressão para desabafar com a pessoa certa, que, no caso, é Deus, e descansou (v. 4).

Além de afastar-se da pressão e de desabafar com Deus, você precisa aprender a se assentar, descansar, e não agir precipitadamente. A precipitação tem feito muitas pessoas boas se frustrarem na vida, porque querem, para ontem, algo que Deus pretendeu lhes dar lá na frente.

Quantas vezes fiquei triste com Deus porque tudo o que eu sonhava em viver com ele estava longe demais! Não sei no seu caso, mas eu sofri muito por causa da ansiedade e da precipitação. Só na parte material já perdi moto, carro e até uma casa, tudo porque quis algo que não era a hora de ter.

Filipenses 4:6-8 nos ensina que, para não andarmos ansiosos, precisamos:

- *orar*: "sejam conhecidas, diante de Deus, as vossas petições, pela oração";

- *suplicar*: "e pela súplica...";
- *agradecer*: "com ações de graças".

Isso nos fará experimentar a paz que vem de Deus; e essa paz, que excede todo o entendimento, guardará os nossos corações e a nossa mente em Cristo Jesus.

Só que aqui está o segredo de tudo: essa paz guardará a nossa mente em Cristo, então, logo em seguida, Paulo nos dá uma recomendação: "Finalmente, irmãos, tudo o que é verdadeiro, tudo o que é respeitável, tudo o que é justo, tudo o que é puro, tudo o que é amável, tudo o que é de boa fama, se alguma virtude há e se algum louvor existe, seja isso o que ocupe o vosso pensamento". Quer evitar o estresse e a frustração em sua vida? Levante-se e se afaste do ambiente de pressão e desabafe com a pessoa certa, Deus. Aprenda a descansar nele e cuide de seus pensamentos.

Acredite, seus pensamentos são armas poderosíssimas, tanto nas mãos de Deus quanto nas mãos do nosso inimigo. Portanto, se você passa a maior parte do dia pensando no que pode dar errado e não naquilo que pode dar certo, a probabilidade de tudo dar errado é altíssima.

Para terminar, você se lembra do que falei lá no início? Que deveríamos quebrar nossos limites, respeitando nossos limites? Onde isso se encaixa na vida de Elias? Mesmo chegando ao fundo do poço de sua vida emocional, por sair do lugar da pressão, buscar a presença de Deus e desabafar com ele, Elias teve uma grande experiência:

> Deitou-se e dormiu debaixo do zimbro; eis que um anjo o tocou e lhe disse: Levanta-te e come.
>
> Olhou ele e viu, junto à cabeceira, um pão cozido sobre pedras em brasa e uma botija de água. Comeu, bebeu e tornou a dormir.
>
> Voltou segunda vez o anjo do Senhor, tocou-o e lhe disse: Levanta-te e come, porque o caminho te será sobremodo longo.

RESPEITE SEUS LIMITES

> Levantou-se, pois, comeu e bebeu; e, com a força daquela comida, caminhou quarenta dias e quarenta noites até Horebe, o monte de Deus.
>
> (1Reis 19:5-8)

Agora vem a pergunta: como alguém que está pedindo a morte, que está no fundo do poço emocional e que está esgotado consegue se levantar e caminhar 40 dias e 40 noites? Este é o segredo: quando você aprende que aquele que o chamou é o mesmo que irá ungi-lo, proteger e fortalecer, você começa a ser renovado por uma energia que não é humana.

Sabe o que é mais interessante aqui? Que essa experiência está disponível para todos nós hoje em dia. Todos nós podemos fazer como Elias. Mas, infelizmente, muitos preferem colocar um ponto final onde Deus apenas colocou uma vírgula.

Aprenda a parar de usar somente a sua força. Aprenda a ir aonde há alimento para sua alma e a entrar pelo acesso que Jesus abriu.

Se você pode ter acesso à porta que irá renová-lo internamente, por que insistir em uma porta que o está matando por dentro? Acredito que, quando uma pessoa pensa que tudo acabou por causa de toda a pressão que sofreu na vida, ela precisa entender que essa pressão está apenas preparando-a para mais uma etapa.

Elias pensou que tivesse acabado, mas vamos ler o que a Bíblia diz:

> Disse-lhe o SENHOR: Vai, volta ao teu caminho para o deserto de Damasco e, em chegando lá, unge a Hazael rei sobre a Síria. A Jeú, filho de Ninsi, ungirás rei sobre Israel e também Eliseu, filho de Safate, de Abel-Meolá, ungirás profeta em teu lugar.
>
> (1Reis 19:15,16)

Quando Elias achou que estava acabado, Deus disse que ele deveria ungir um novo rei sobre a Síria, um novo rei sobre Israel e um profeta em seu lugar. Isso me mostra que ele ainda tinha muita influência para compartilhar, pois não era qualquer um que ungiria um novo rei. E, além de ungir dois reis, ele ainda tinha que deixar um legado e preparar alguém para ocupar o seu lugar. Uau!

Então, não fique chorando pela dor do passado ou pela dor do presente. Não coloque seus pensamentos naquilo que lhe traz dor, mas eleve seus pensamentos para aquele que lhe dá esperança, que promete e não mente e que pode fazer ainda muito mais com a sua vida.

CAPÍTULO 7

ENCONTRE SEU PROPÓSITO DE VIDA

Muitos propósitos há no coração do homem,
mas o desígnio do Senhor permanecerá.

Provérbios 19:21

Estou à frente de pessoas há muito tempo e, durante toda essa caminhada, tenho visto algumas que até começaram bem sua jornada. Casaram-se felizes e animadas, começaram a estudar e estavam supermotivadas, começaram a andar com Deus e realmente tiveram experiências marcantes. Algumas que começaram a liderar, tanto equipes no trabalho quanto no ministério, tinham ótima motivação, no entanto, conforme os anos foram passando, aquilo que era tão precioso acabou se tornando comum. Agora, anos depois, o casamento já não tem tanto brilho assim, os estudos ou a profissão se tornaram algo monótono e chato, a vida com Deus perdeu o brilho e a liderança virou uma obrigação.

Tenho aprendido, por meio da Palavra de Deus, que o fim das coisas é muito melhor do que o seu início. Em outras palavras, a Bíblia está dizendo que não importa muito como eu começo algo, mas sim como terminarei. Então, a pergunta é: existe um caminho para eu começar bem e terminar melhor ainda? Claro que sim! Porque, se não houvesse essa possibilidade, com certeza eu seria um dos pastores a estar nas estatísticas de líderes frustrados e estressados.

Vimos até agora que existem alguns passos para se evitar o estresse e a frustração. O sétimo passo é este: encontre seu propósito de vida. Podemos traduzir para "Saiba aonde você quer chegar", ou, ainda, para "Aprenda a sempre ter um destino na vida".

Tenho compreendido que a pior coisa do mundo é não ter um lugar para ir. Lembro-me de uma época em minha vida quando eu já morava em Ponta Grossa e viajava para Curitiba para fazer alguns grafites. Era uma época bem difícil (financeiramente falando) e não dava para separar um valor do trabalho para ficar em um hotel, por mais simples que ele pudesse ser. Durante o dia, não havia problema algum, até porque estava envolvido no trabalho, mas meu desespero começava quando acabava o dia, pois, quando as escolas ou lojas fechavam, todos iam para suas casas e eu não tinha lugar algum para ir. Então, eu andava de carro até achar um posto de gasolina onde tivesse um pouco mais de segurança para, ali, dormir no carro.

Naquela época, estou falando de 1997, 1998, não era tão perigoso quanto hoje em dia, ano de 2019, quando escrevi este livro. Porém, independente da segurança, eu precisava dar um jeito de fazer as horas passarem. Então, chegavam oito horas da noite, eu já encostava e dormia até as sete horas da manhã.

Dormir não era o problema, mas o sentimento de ficar procurando um posto de gasolina seguro era horrível. Não havia uma casa para voltar e nem uma família me esperando. Graças a Deus, as coisas mudaram e, hoje, continuo viajando bastante — na realidade, viajo muito mais do que naquela época —, mas hoje tenho uma família me esperando e um lugar para retornar. Uma vez ouvi a seguinte frase de uma pessoa que também vivia na estrada. "Biga, viajar é muito bom, mas voltar para casa é melhor ainda!".

Tenho visto que o que tem levado muitas pessoas a se frustrarem é a falta de destino, ou, melhor, a falta de visão, pois, quando você não tem uma visão, qualquer lugar se torna um destino. Então, você até pode ultrapassar a linha de chegada, mas o sentimento de missão cumprida não é vivenciado. Por quê? Porque todos nós nascemos com uma missão.

Um exemplo é o trabalho. Aprendemos com a Palavra que o trabalho dignifica o homem, ou, melhor, o trabalho torna o homem digno. Então, quando o homem (e quando digo homem, estou falando da espécie, o *Homo sapiens*) volta de um dia de trabalho, o sentimento de satisfação é enorme. Nascemos para um destino, para um propósito e para completar uma carreira.

Agora, o que falta, então, na vida das pessoas que estão sendo levadas ao estresse e à frustração? Não conseguir enxergar esse destino, esse propósito e essa carreira. Muitos passam a vida achando que, um dia, Deus milagrosamente, irá mostrar, como em um passe de mágica, qual o propósito dessa pessoa. Aprendi que não é desse jeito que as coisas funcionam, pois nosso propósito está escondido em nosso Criador (Salmos 139:16, Provérbios 19:21).

Se nosso propósito está escondido, isso significa que ele pode ser achado. Agora, ele só será revelado conforme você for buscando. E como você o busca? Aproveitando cada oportunidade que Deus permite chegar até sua vida. A vida é cheia de oportunidades e elas são sinais de onde devemos caminhar, para que cheguemos à estrada da realização de um propósito.

Você pode estar se perguntando: mas toda oportunidade vem de Deus? Claro que não! Então, como identificar as que vêm dele? Essa é uma resposta simples. Lembra que eu comentei que nosso propósito está escondido em nosso Criador? Pois bem, para que esse propósito seja revelado a mim, preciso ter comunhão com aquele que me criou. A questão é que essa comunhão vivida diariamente desenvolve nossa sensibilidade espiritual. A Bíblia diz algo interessante sobre isso:

> Quando te desviares para a direita e quando te desviares para a esquerda, os teus ouvidos ouvirão atrás de ti uma palavra, dizendo: Este é o caminho, andai por ele.
>
> (Isaías 30:21)

Jesus também nos disse algo sobre isso em João 14:12-17:

> Em verdade, em verdade vos digo que aquele que crê em mim fará também as obras que eu faço e outras maiores fará, porque eu vou para junto do Pai.
>
> E tudo quanto pedirdes em meu nome, isso farei, a fim de que o Pai seja glorificado no Filho.
>
> Se me pedirdes alguma coisa em meu nome, eu o farei. Se me amais, guardareis os meus mandamentos.
>
> E eu rogarei ao Pai, e ele vos dará outro Consolador, a fim de que esteja para sempre convosco, o Espírito da verdade, que o mundo não pode receber, porque não o vê, nem o conhece; vós o conheceis, porque ele habita convosco e estará em vós.

A questão é que não estamos sozinhos. Um dos sinais dessa verdade é quando vamos fazer algo e, de repente, o coração fica pesado (Colossenses 3:15). Mas, mesmo com o coração pesado, muitos passam por cima desse sentimento e acabam consumando o fato. Então, o Espírito Santo, tão gentil como é, vai deixando de falar, e esse é o motivo pelo qual muitas pessoas começam a fazer coisas que um dia disseram que jamais fariam. Porque passam por cima da direção de Deus a primeira vez, passam a segunda, a terceira, e, então, essa atitude se torna um hábito e acaba cauterizando toda sensibilidade no coração. Vamos ver isso na prática.

A Bíblia conta a história do povo de Israel, um povo que foi morar no Egito por causa de José, um dos maiores governadores que aquela nação já teve. José levou seus pais e todo seu povo para lá a fim de alimentá-los e dar a eles uma vida digna, mas o tempo passou, aquela geração morreu e os egípcios começaram a se incomodar com aquele povo em sua nação (Êxodo 6:1-14).

Então, Deus levantou um homem chamado Moisés, que teve um chamado incrível, pois dentro dele havia um desejo de libertar seu povo. Esse desejo fazia parte do propósito que Deus havia colocado em seu DNA, mas há um problema nessa história: Moisés não conseguiu se controlar e acabou agindo precipitadamente. Com o desejo de libertar o povo de Israel, acabou matando um egípcio e, por causa dessa atitude, precisou fugir, pois Faraó, agora, queria matá-lo.

Depois de 40 anos desse acontecimento, Deus aparece a Moisés e lhe faz uma promessa:

> Disse mais: Eu sou o Deus de teu pai, o Deus de Abraão, o Deus de Isaque e o Deus de Jacó. Moisés escondeu o rosto, porque temeu olhar para Deus.
>
> Disse ainda o SENHOR: Certamente, vi a aflição do meu povo, que está no Egito, e ouvi o seu clamor por causa dos seus exatores. Conheço-lhe o sofrimento; por isso, desci a fim de livrá-lo da mão dos egípcios e para fazê-lo subir daquela terra a uma terra boa e ampla, terra que mana leite e mel; o lugar

do cananeu, do heteu, do amorreu, do ferezeu, do heveu e do jebuseu.

Pois o clamor dos filhos de Israel chegou até mim, e também vejo a opressão com que os egípcios os estão oprimindo.

Vem, agora, e eu te enviarei a Faraó, para que tires o meu povo, os filhos de Israel, do Egito.

(Êxodo 3:6-10)

Vamos aos detalhes desse texto. No versículo 10, Deus disse a Moisés: "Vem e eu te enviarei para que tires o meu povo do Egito". Deus estava dando a Moisés uma direção. Ele sabia o que tinha que fazer e para onde deveria ir. Você consegue perceber que, em toda a sua história, mesmo vivendo inúmeras oposições do povo, Moisés continuava sua caminhada?

A pergunta que fica aqui é: como Moisés conseguia se manter firme tendo um povo tão ingrato ao seu lado? A resposta está no versículo 10 do texto que acabamos de ler. Em todo o tempo, Moisés sabia o caminho a seguir e o que deveria fazer. Isso nos ensina que, quando alguém tem um caminho e um propósito, nenhum obstáculo é grande demais para o deter.

Quando mergulhamos na história do povo de Israel, vemos que esse povo não entrou na terra que Deus havia prometido dar a eles porque jamais conseguiram ver o que Deus estava mostrando por meio de seu líder, Moisés. Podemos tirar algumas lições disso, e uma delas é que muitas vezes as pessoas não conseguem ver seu propósito porque jamais ouviram aqueles que Deus estava usando para indicar o caminho.

Isso começa lá na infância, quando nossos pais nos davam direções que nem sempre foram bem aceitas por nós. Lembro-me de uma época, logo após a separação dos meus pais, quando eu quis voltar para São Paulo e meu pai disse que não me deixaria voltar sem que antes terminasse os estudos. Na época, eu fiquei muito bravo, mas hoje reconheço como isso foi bom para meu futuro, pois, ao chegar a São Paulo e procurar um trabalho, a primeira pergunta que me faziam era se eu estava estudando.

Na época, tinha 15 anos e tudo o que queria era andar de *skate*. Só que não tinha como ficar bom no esporte se não trabalhasse para poder comprar peças boas, que, na época, eram as importadas. Então, aquela direção do meu pai me ajudou até para que eu pudesse me desenvolver no esporte. A questão é que muitos, ao ouvirem direções dos pais, acabam se revoltando, e não são poucos os casos de pessoas que, depois de adultos, vão até seus pais pedindo perdão pelas atitudes que tiveram na época da imaturidade.

Outras vezes, Deus usa os professores ou até mesmo os nossos superiores no ambiente de trabalho. Tenho aprendido que limites fazem muito bem para todos nós, mas nem todos conseguem trabalhar bem essa questão de limites em seu interior. Quando uma pessoa não consegue enxergar seu propósito e seu destino, ela começa a ter atitudes estranhas que têm o poder de afastá-la de seu propósito.

Quais são essas atitudes? A primeira é: a pessoa fica presa em um passado difícil.

> Disseram a Moisés: Será, por não haver sepulcros no Egito, que nos tiraste de lá, para que morramos neste deserto? Por que nos trataste assim, fazendo-nos sair do Egito?
>
> Toda a congregação dos filhos de Israel murmurou contra Moisés e Arão no deserto; disseram-lhes os filhos de Israel: Quem nos dera tivéssemos morrido pela mão do SENHOR, na terra do Egito, quando estávamos sentados junto às panelas de carne e comíamos pão a fartar! Pois nos trouxestes a este deserto, para matardes de fome toda esta multidão.
>
> (Êxodo 14:11; 16:2,3)

Apesar dessa situação, o pior aconteceu lá na frente, quando eles chegaram próximos da terra e Moisés enviou espias para darem uma olhada na região para saber como entrariam ali. A história mostra uma reviravolta, e aquele povo, que estava tão próximo de seu destino, acabou retrocedendo em sua trajetória.

> Assim, subiram e espiaram a terra desde o deserto de Zim até Reobe, à entrada de Hamate.
>
> E subiram pelo Neguebe e vieram até Hebrom; estavam ali Aimã, Sesai e Talmai, filhos de Anaque (Hebrom foi edificada sete anos antes de Zoã, no Egito).
>
> Depois, vieram até ao vale de Escol e dali cortaram um ramo de vide com um cacho de uvas, o qual trouxeram dois homens numa vara, como também romãs e figos.
>
> (Números 13:21-23)

Era preciso dois homens para carregar uma vara com um cacho de uvas! A Terra Prometida era realmente muito boa, e eles concordaram com isso, atestando o que Deus havia falado a Moisés (Números 13:25-27). O problema começa a partir de agora:

> O povo, porém, que habita nessa terra é poderoso, e as cidades, mui grandes e fortificadas; também vimos ali os filhos de Anaque.
>
> Os amalequitas habitam na terra do Neguebe; os heteus, os jebuseus e os amorreus habitam na montanha; os cananeus habitam ao pé do mar e pela ribeira do Jordão.
>
> Então, Calebe fez calar o povo perante Moisés e disse: Eia! Subamos e possuamos a terra, porque, certamente, prevaleceremos contra ela.

> Porém os homens que com ele tinham subido disseram: Não poderemos subir contra aquele povo, porque é mais forte do que nós. E, diante dos filhos de Israel, infamaram a terra que haviam espiado, dizendo: A terra pelo meio da qual passamos a espiar é terra que devora os seus moradores; e todo o povo que vimos nela são homens de grande estatura.
>
> Também vimos ali gigantes (os filhos de Anaque são descendentes de gigantes), e éramos, aos nossos próprios olhos, como gafanhotos e assim também o éramos aos seus olhos.
>
> (Números 13:28-33)

Nessa passagem, eles disseram que eram como gafanhotos diante dos próprios olhos e aos olhos dos inimigos. Mas como o inimigo os viu como gafanhotos se não houve contato com o povo da terra? Isso me mostra que não foi o povo que os viu como gafanhotos, mas seus próprios olhos pintaram essa imagem, ou seja, geralmente veremos o mundo com a nossa própria lente.

Um exemplo acontece comigo quando vejo uma ladeira. Muitos olham para ela e dizem: "Meu Deus! Como é íngreme essa ladeira! Como vou conseguir subi-la?". Eu vejo a mesma ladeira e digo: "Uau! Que ladeira íngreme. Quais manobras vou fazer durante a descida?".

É como um poeta disse certa vez: Dois homens olham pela mesma janela, um olha para as estrelas; e outro, olha para a lama. Ou, ainda, como os dois vendedores de sapato que foram a um país muito pobre. O primeiro vendedor, ao chegar à terra e perceber que ninguém usava sapato, ligou para sua central e cancelou todo o pedido, pois, em sua cabeça, ninguém usaria sapato lá. O segundo vendedor foi ao mesmo país e, percebendo que ninguém usava sapatos, ligou imediatamente para sua central e triplicou o pedido, pois, em sua cabeça, ele teria um público enorme para vender.

Você sempre poderá ver os desafios da vida sob dois ângulos: o primeiro fala que todo desafio existe para ser superado; o segundo, que todo desafio é um fardo demais para uma pessoa. Nesse instante, quero lhe fazer uma pergunta: se a terra era tão boa, por que eles encontraram tantos desafios e por que viram essas dificuldades pelo ângulo errado? A resposta é que não importava quão incrível fosse o futuro que os aguardava, o passado ainda estava muito vivo em seus corações.

Por que o passado estava tão vivo em seus corações? Porque eles não tinham uma visão pela qual caminhar. Isso aconteceu porque eles não acreditaram na visão do líder que Deus havia colocado em suas vidas.

Por mais que tenhamos visões e direções, a Bíblia é clara com relação a líderes que Deus coloca sobre nós: "Todo homem esteja sujeito às autoridades superiores; porque não há autoridade que não proceda de Deus; e as autoridades que existem foram por ele instituídas" (Romanos 13:1).

Porém, toda vez que alguém decide ir contra as direções de seus líderes, perderá de vista o ponto de chegada, e isso trará consequências. A primeira que vimos é ter um passado mais vivo do que o presente ou a visão de um futuro promissor. Mas não para por aí; além disso, a falta de visão também trouxe comparações no meio do povo.

A comparação é tão horrível que, além de ser o assunto principal do primeiro capítulo deste livro, ela volta neste capítulo para mostrar quão ferozmente age na vida de quem a possui.

> Falaram Miriã e Arão contra Moisés, por causa da mulher cuxita que tomara; pois tinha tomado a mulher cuxita.
>
> E disseram: Porventura, tem falado o Senhor somente por Moisés? Não tem falado também por nós? O Senhor o ouviu.
>
> (Números 12:1,2)

Miriã e Arão eram irmãos de Moisés e o conheciam desde cedo. Sua irmã sabia de sua história, pois foi ela que o salvou das águas do rio. No entanto, aquela criança cresceu e, quando adulta, foi a escolhida por Deus para liderar o povo durante sua peregrinação.

Então, não importava o grau de parentesco, quem estava no controle era Moisés. O problema é que Miriã não conseguiu ver o que Moisés estava vendo e, dessa forma, ela se levantou contra seu líder. Qual a questão aqui?

Ela disse: "O Senhor também fala com a gente!". Ou melhor: "Também somos instrumentos de Deus!". Sim, eles eram! Mas eles não se contentaram em ser apenas instrumentos, quiseram ser os líderes da expedição (Números 12:2). Não há como nos esconder de Deus, pois ele conhece até nossos pensamentos (Salmos 139:7-12).

Se quisermos chegar bem ao final, precisamos aprender a ter uma visão pela qual caminhar. Precisamos ver todos os desafios que chegam às nossas vidas com a lente correta e cuidar para estarmos alinhados com nossa liderança. Se não aprendermos a colocar em prática isso, as consequências virão.

O povo de Israel, que tinha uma promessa, um líder, e viu o fruto da terra, por não ter uma visão clara do propósito de Deus para suas vidas, agora perdeu a expectativa, a esperança, a alegria e a capacidade de ver além do que os olhos viam. Além de ficarem perambulando pelo deserto por 40 anos como "barata tonta", eles também não entraram na terra (Números 32:10-13).

Se você quer evitar o estresse e a frustração em sua vida, tenha um ponto de chegada, tenha uma visão. Se, por acaso, você ainda não a tem, saiba que Deus levantará uma pessoa para andar junto com você. Então, ande na visão que Deus deu a essa pessoa, pois, durante a caminhada, você começará a descobrir a sua própria visão.

Posso dizer que isso é a minha vida. Após uma experiência com Deus na Europa, onde ele havia me perguntado "se eu abriria mão dos meus sonhos para viver os dele para minha vida", fiquei literalmente como uma "barata tonta", pois não sabia para onde ir. Tinha acabado de renunciar meu grande sonho e não tinha a menor ideia qual caminho trilhar. Tentei entrar na Jocum, mas não deu certo. Todo pastor que encontrava comentava do meu "sim" a Deus, mas eles não sabiam o que me dizer. Até que Deus levantou o apóstolo Rinaldo Seixas, o Rina, da Igreja Bola de Neve.

Ele me convidou para entrar nesse ministério e abrir a quinta igreja dessa denominação. Dentro do meu coração eu sentia uma paz absurda e, junto com minha esposa e meu filho Lucas — que na época tinha apenas dois aninhos —, embarcamos nessa aventura.

De lá pra cá já se passaram 17 anos de caminhada. Ajudei a abrir mais de 80 igrejas, mas não foi só isso: durante essa caminhada, Deus foi me mostrando mais sobre meu propósito. Primeiro, ele me mostrou que uma parte do meu propósito era ajudar meu Apóstolo a cumprir o propósito dele. Em seguida, Deus começou a me mostrar sobre o trabalho com as crianças e, com ele, os personagens da *Turma do Biga* e do *Biguinha e seus amigos*. Depois disso, o Senhor me mostrou sobre meu propósito na literatura, e este livro em suas mãos é o meu décimo quinto.

Deus também foi me mostrando sobre meu propósito com relação ao treinamento de liderança. Hoje tenho viajado para ministrar esses treinamentos em várias cidades do país; inclusive, tenho feito vários treinamentos para conselhos de pastores, onde líderes das mais diversas denominações se reúnem para receber essa capacitação. Conto toda essa história para encerrar com seguinte: nunca perca de vista a visão que Deus te deu. No tempo dele, os sonhos que ele sonhou para a sua vida irão se realizar!

CAPÍTULO 8

NÃO TENHA MEDO DE FICAR SOZINHO

Por volta da hora nona, clamou Jesus em alta voz, dizendo: Eli, Eli, lamá sabactâni? O que quer dizer: Deus meu, Deus meu, por que me desamparaste?

Mateus 27:46

Com o título deste capítulo, muitos solteiros podem estar pensando que irei falar sobre pessoas que estão sozinhas na vida e têm medo de permanecer assim. No entanto, quero ir mais profundo nesse assunto, pois isso não tem a ver apenas com a vida sentimental, mas sim com um estilo de vida.

Às vezes, as pessoas pensam que os líderes espirituais, assim como eu, são pessoas que, por estarem sempre rodeadas de muita gente, não enfrentam momentos de solidão. Mas isso é um engano, porque não tem a ver com a quantidade de pessoas ao meu redor, e sim com quantas eu poderei contar nos momentos mais delicados da minha vida.

Então, quantidade não tem a ver com qualidade, e é aqui que muitos se enganam, porque, ao almejar a quantidade, muitas vezes abrem mão da qualidade dos relacionamentos em suas vidas. Nós vivemos em uma época, em que nem todo mundo é o que realmente aparenta. Isso não está certo, mas infelizmente é a realidade. Então, para que eu tenha qualidade nos meus relacionamentos, preciso investir neles. Sendo assim, não posso confiar plenamente em alguém que conheci apenas há alguns meses. Quantas pessoas estão estressadas e frustradas hoje em dia porque confiaram em pessoas que os traíram de todas as formas possíveis.

Infelizmente, tenho visto pessoas que deixaram de se relacionar com Deus por causa de decepções com pessoas. O que quero abordar aqui é o fato de que esse erro acontece pela necessidade de o ser humano se relacionar. Todos nós possuímos o desejo de interação, não importa se são jovens ou idosos, introvertidos ou extrovertidos, ricos ou pobres, cultos ou iletrados. Fomos criados para viver e trabalhar em equipe. Deus nunca quis que tivéssemos sucesso sozinhos. Quando ele criou o homem, viu não era bom que ele permanecesse só e criou o ser mais maravilhoso do mundo, a mulher (uma pequena homenagem a você, Viviane Bigardi). Mas qual foi a ideia de Deus ao criar a mulher? Trazer problemas ao homem? Claro que não!

> Disse mais o Senhor Deus: Não é bom que o homem esteja só;
> far-lhe-ei uma auxiliadora que lhe seja idônea.
>
> (Gênesis 2:18)

Aqui está o segredo! Uma auxiliadora, isto é, uma pessoa que ajudaria o homem em sua missão, e, assim, os dois juntos cumpririam a missão que Deus havia dado a eles. Perceba um detalhe aqui: Deus fez para o homem uma auxiliadora idônea. O que significa essa palavra? Uma pessoa idônea demonstra aptidão e capacidade para ocupar determinados cargos, realizar determinadas tarefas; é uma pessoa apta e competente.

O que Deus está nos ensinando é que sempre encontrarei as as aptidões que eu não tenho em alguém do meu lado. Tenho visto isso em minha vida, pois, dentro da minha equipe de trabalho, tanto na igreja quanto nas empresas que administro, tenho pessoas que são boas naquilo que eu não sou; e, juntos, fazemos um trabalho excelente. Precisamos entender que um bom líder é aquele que não tem medo de delegar tarefas e de extrair o melhor daqueles que estão ao seu lado.

Conheço muitos líderes limitados na vida porque não aprenderam a delegar. Tenho visto como essa atitude centralizadora tem afetado tudo o que eles lideram. Quando aprendemos a trabalhar em equipe, aprendemos a respeitar as características, o jeito e a velocidade das pessoas, e esta é a "mágica" dos relacionamentos: o respeito mútuo.

Quando um líder não tem medo de delegar, começa a ver cada um de sua equipe florescer naquilo em que foram chamados por Deus. Você pode estar se perguntando: E se a pessoa falhar? Minha resposta é: Não tenha dúvida, ela irá falhar! Só que, quando há respeito, até nas falhas existe crescimento. Um bom relacionamento consegue entender o poder de delegar e o poder do *feedback*.

Muitos líderes têm medo de dar um retorno de algo que a equipe fez de errado e, como consequência, ele geralmente começa a centralizar novamente o trabalho, afastando aqueles que cometeram os erros.

Sempre iremos trabalhar com vários tipos de pessoas e, quando damos *feedbacks* a elas, podemos ver quem realmente está ao nosso lado. Quando a pessoa é sábia, ela ouvirá com atenção e mudará o que for necessário. Esse é o tipo de pessoa que não pode faltar ao seu lado, pois é alguém ajustável.

Mas nem só de pessoas boas nos acercaremos. Muitas vezes, os tolos também estarão ao nosso lado. E quem são esses? Pessoas que, ao receberem um *feedback*, em vez de ouvirem de bom grado, acabam desviando o foco da situação e atacam o portador do *feedback*. São pessoas especialistas em desculpas e melhores ainda em acusações, e que jamais admitem o erro e vivem querendo se justificar diante dos outros.

Nosso desafio é ter sensibilidade para entender com quem estamos nos relacionando. Quando você se relaciona com sábios, o crescimento é constante, porque você dá um *feedback* e o assunto em questão é resolvido, partindo, assim, para o próximo desafio. Porém, quando você se relaciona com o tolo, o crescimento é comprometido, pois, ao falar de um erro, em vez de ele ser resolvido, muita energia é gasta para tentar se justificar ou apontar quem está errado. Com isso, uma reunião que poderia ser rápida se torna longa e chata.

Se, por acaso, você se encaixa nessa situação, vale a pena chamar o tolo para uma conversa e dizer que você está cansando de andar em círculos com ele. Que você será direto e que espera uma resposta definitiva sobre o assunto em questão. Se a pessoa o ouvir, saiba que você terá um grande potencial ao seu lado, pois um tolo que se abre para os *feedbacks*, é um futuro sábio.

Mas vamos continuar o raciocínio. Fomos criados para trabalhar em equipe. Muitos se frustram porque não conseguem delegar tarefas; outros se frustram porque não conseguem trabalhar com o sucesso de outras pessoas da equipe. Existem talentos e talentos. Muitas vezes, o talento que mais irá aparecer não é o seu. A pergunta que fica é: como você reage quando, em determinados assuntos, a luz de quem trabalha com você está brilhando mais do que a sua? Quando a melhor ideia não é a sua?

Todo líder é um mestre em potencial, pois a liderança não está só em conduzir uma equipe para cumprir um objetivo em comum. John Maxwell nos fala sobre os "Cinco níveis da liderança". Se você quer ser bem-sucedido como líder, se quer chegar ao final melhor do que no início, precisará subir os seguintes níveis.

- *Posição:* quando as pessoas seguem você porque são obrigadas;
- *Permissão:* quando as pessoas seguem você porque querem;
- *Produção:* quando as pessoas o seguem pelo que você faz para a organização para a qual trabalha;
- *Desenvolvimento de pessoas:* quando as pessoas o seguem pelo que você faz para elas pessoalmente;
- *Integridade*: quando as pessoas o seguem pelo respeito que conquistou durante sua trajetória.

Um verdadeiro líder sabe o poder de desenvolver o potencial de sua equipe, mas nem sempre isso é uma tarefa fácil, porque às vezes, no papel de líder, conseguimos ver o potencial de uma pessoa, mas ela mesma não consegue enxergar isso.

Lembro-me de uma vez em que estava tentando desenvolver um casal de minha equipe. O detalhe é que eu estava fazendo isso com a equipe durante anos e pudemos implantar inúmeras igrejas no Paraná, mas esse casal em questão não aceitou muito bem esse tempo de desenvolvimento. Certo dia, levantaram-se com muita fúria contra nós e acabaram desistindo de andar conosco. Em meio a inúmeras acusações, consegui dizer a seguinte frase: "Me perdoem por ter enxergado em vocês muito mais do que eu via em seu exterior!". Em outras palavras, eu estava dizendo que dentro deles havia um chamado incrível, um casal de pastores que tinha tudo para voar no ministério, mas que, infelizmente, não conseguiu enxergar da mesma maneira. O que fazer quando isso acontece? Desistir das pessoas? Parar de desenvolvê-las? Claro que não! Pelo contrário, pois se um, dois ou três casais não conseguiram enxergar o que estávamos enxergando, pude ver mais de 80 casais que se abriram para esse crescimento e hoje estão à frente de igrejas pelo estado do Paraná.

Aqui entra uma lição maravilhosa: alguém precisa de você! Assim como os israelitas precisaram de Moisés e, tempos depois, também precisaram de

Davi. Assim como Noemi precisou de Rute e os judeus teriam sido destruí-dos se não fosse Ester. Saiba que há pessoas que precisam da sua vida, dos seus talentos e da sua liderança. Você é uma pessoa imprescindível para os projetos de Deus na terra.

Você foi projetado por ele. Pense nisso! Ninguém pode ser como você e ninguém mais pode fazer o que você faz! Você é diferente de todos! Foi criado geneticamente perfeito para um propósito. Então, alguém precisa de você! Alguém está faminto e sedento pelo que Deus colocou em sua vida.

Vejo isso acontecer aqui em Curitiba. Nossa igreja está situada no úl-timo bairro da cidade, mas isso não impede de as pessoas saírem do lado oposto da cidade para vir me ouvir, e isso é muito legal. Mas aqui entra o oitavo passo para evitarmos a frustração: eu não posso me irritar, quando uma pessoa que está ao lado da minha igreja pega seu carro e atravessa a cidade para ouvir outro pastor. Da mesma forma que muitos precisam do que Deus me deu, muitos não precisam disso. Nós, como líderes, não somos a resposta e a solução para todos. Para alguns, Deus criou outras pessoas.

Então, quando não entendemos essa química, a frustração é certa, pois, ao dar o nosso máximo e mesmo assim não conseguir suprir a necessidade das pessoas, muitos de nós começam a negociar seus valores em troca de quantidade de pessoas ao seu redor.

O oitavo passo para se evitar o estresse e a frustração é não ter medo de ficar sozinho. Vemos que Jesus foi alguém que fez muito pelas, curou muitos e trouxe respostas às perguntas de outros. Ele mudou radicalmente a vida de muitas pessoas que acompanhamos pelas páginas do Novo Tes-tamento. Mas no final, quem esteve ao lado dele?

Jesus sabia que Deus jamais o abandonaria, contudo, naquele momento, ele se sentiu sozinho (Mateus 27:46). Vamos nos aprofundar um pouco mais nessa questão. Jesus era Deus? Sim! Ele era onisciente? Sim! Então, ele sabia que isso aconteceria? Sim, também! Mas, mesmo sabendo que, no final, não sobraria ninguém ao seu lado, ele teve duas atitudes: jamais deixou de desenvolver pessoas e jamais negociou seu chamado e seus valores com seus discípulos ou com os fariseus.

Certa vez, Jesus percebeu que uma das pessoas mais próximas a ele — Pedro — estava tentando se opor ao seu chamado (Mateus 16:21-23).

Ele não era qualquer um, mas uma pessoa íntima de Jesus. Quando se opôs ao seu chamado, Jesus foi direto e não teve medo de que Pedro se sentisse magoado e o abandonasse. Ele falou a verdade para Pedro, pois sabia que só a verdade teria o poder de libertar uma pessoa. Às vezes, vejo pessoas com medo de falar a verdade, mas sei que a verdade precisa ser dita em amor e que há formas de se dar um *feedback*.

O *feedback* é parte fundamental do processo que orienta as pessoas a apresentarem comportamento e desempenho apropriados a determinada situação, fazendo com que saibam como estão sendo vistas no mercado de trabalho e também na vida. A falta desse retorno pode deixar uma pessoa sem saber por qual direção seguir. Então, consideremos um *feedback* como uma bússola, que dá a direção que se deve tomar, para atingir os objetivos da equipe. Ele sempre precisa conter uma fórmula, conhecida como MAI:

- *M – Momento:* todo *feedback* precisa levar em consideração o momento, a situação, o local e o evento que aconteceu;
- *A – Atitude:* qual foi a atitude, o comportamento e a ação que se desenrolou?
- *I – Impacto:* qual foi o impacto, o que ocasionou e qual foi o resultado?

Nós também podemos ampliar o *feedback* acrescentando mais duas letras:

- **S – *Sugestão***: quando você sugere ou recomenda o que deve ser feito da próxima vez;
- **A – *Alternativas***: quando você pergunta à pessoa quais são as alternativas que ela tem para fazer diferente na próxima vez.

Agora, isso precisa acontecer em amor, e um dos modelos para se fazer isso é o *feedback burguer*. Esse tipo de *feedback* acontece quando você divide o conteúdo dele em três. Na primeira parte, você foca nos pontos positivos e aproveita este momento para valorizar o esforço da pessoa. Na segunda, você entra no *feedback* de melhoria e coloca a situação em questão, como quando expliquei sobre o MAI. Na terceira, você volta a focar no positivo, mais ou menos assim: "Fulano, mesmo com este ocorrido, quero dizer que você está indo bem e conseguirá, com certeza, dar a volta por cima. Você é bom nisso! Eu acredito em você!"

Muitas pessoas se frustram porque não conseguem dar *feedback* a ninguém por medo de que essas pessoas não concordem e desejem sair da equipe. Por isso, há muitos líderes estressados e frustrados, pois focaram na quantidade e em como agradar a todos. Focaram em ser um bom "tio" para sua equipe.

Tenho aprendido que nós, como líderes e pais espirituais, precisamos entender o que significa paternidade. Muitos acham que paternidade é quando um líder vive carregando seu filho no colo, mas eu penso completamente diferente, pois, para mim, paternidade é aquele líder que dá um destino a seu filho.

Vou mais fundo nisso: se Deus nos criou e escreveu todos os nossos dias em um livro antes de eles terem acontecido, então um bom pai é aquele que ajuda seu filho a encontrar esse propósito que Deus já havia desenhado. E, com certeza, não será carregando o filho no colo que isso irá acontecer, mas sim dando direções a ele.

O problema acontece quando os filhos preferem ouvir os tios aos próprios pais — e existe uma enorme diferença entre um e outro. Tios são pessoas que, geralmente, querem ser melhores do que o Pai. Veja bem, não estou falando de tios terrenos, pois estamos tratando de assuntos espirituais aqui. Estou falando de pessoas que chegam de repente na vida de alguém e querem falar que tudo o que o pai espiritual disse está errado. E quantos preferem acreditar em alguém que conheceu há pouco tempo a acreditar nas orientações daqueles que estão pagando um preço enorme em oração por suas vidas.

Quantas vezes, quando criança, desejamos que nossos tios fossem nossos pais. Por quê? Porque as atitudes dos tios superavam às do pai. Outra característica de um tio é que ele não cria limites. Para ele, não colocar limites na vida do sobrinho é tranquilo, mas um pai sabe que serão esses limites que tratarão o caráter do filho.

Tenho aprendido que a melhor coisa que existe na terra é o fato de termos de prestar contas a alguém. Essa atitude nos ajuda a manter o eixo, protegendo-nos e nos orientando a não perder o foco. É fácil perceber isso quando se é uma criança. Muitas das coisas que meu pai não me deixava fazer eu podia quando ia à casa dos tios. Como era divertido ir para lá!

Você percebe que, muitas vezes, os "tios da vida" vêm até nós tentando nos provar por A+B que um caminho sem prestação de contas é melhor para nosso crescimento. Os verdadeiros pais, porém, entendem o princípio dos limites e, por amor a seus filhos, jamais deixam de colocá-los em prática.

Um tio também é aquele que sempre dá (e ensina a dar) "um jeitinho" nas coisas. Eles não gostam de ser confrontados e sempre dão um jeito de se saírem bem nas situações desafiadoras da vida. Para eles, o confronto é a pior coisa do mundo. Tios são aqueles que têm prazer de ir contra as direções do pai, aqueles que têm prazer de sempre colocar na frase: Será? E são aqueles que não corrigem e nem confrontam ninguém, afinal, eles são apenas tios.

Já os pais são aqueles que confrontam, que corrigem, pois sabem que um dia, lá na frente, o filho agradecerá. Eles corrigem e confrontam, mas nunca deixam o filho sozinho. Um pai pode ficar triste, mas nunca colocará um "X" em sua testa. Ele pode ficar decepcionado, mas nunca deixará de acreditar em você. Um pai pode até ser prejudicado, mas nunca deixará de o amar.

Sabe a diferença aqui? Quando você se dá mal na vida, o tio diz: "Cada um com seus problemas", mas o pai diz: "Sua tristeza é a minha tristeza!".

Quando seu futuro ficar difícil, os tios fugirão de você, pois as coisas não deram muito certo para o seu lado. Os pais, ao contrário, chamarão para perto e dirão: "Ainda dá tempo! Vamos! Eu te ajudo a se reerguer!".

Quando alguém quiser feri-lo, os tios fogem, para não sobrar para eles; já os pais entram na frente de qualquer arma por você!

Quando você quiser realizar um sonho, os tios lutarão para realizar seus próprios sonhos, mas os pais realizam os deles e os seus juntos. Verdadeiros líderes entendem a diferença entre tios e pais, e jamais negociam seus valores por medo de ficarem sozinhos.

CAPÍTULO 9

NÃO TRANSFORME SONHOS EM PESADELOS

A esperança que se adia faz adoecer o coração,
mas o desejo cumprido é árvore de vida.

Provérbios 13:12

Até o momento, vimos os passos necessários para evitar a frustração. Contudo, não quero apenas lhe mostrar alguns passos para evitar o estresse, mas também ajudá-lo a chegar a um lugar de conquista e de realização. Escrevo sobre isso porque nem todo mundo que aprendeu a não se frustrar se encontra na estrada da realização.

Então, para virarmos o jogo da frustração e alcançarmos a realização, precisamos, em primeiro lugar, aprender a não transformar sonhos em pesadelos.

Ministro muito sobre sonhos porque sei que Deus é poderoso para nos dar um sonho e também para nos dar o poder para realizá-lo. O detalhe é que também creio em um Deus que está à procura de pessoas que simplesmente ousem acreditar em suas palavras e promessas.

Quando comecei a namorar a Vivi, disse a ela que eu não tinha nada para oferecer a não ser uma palavra de Deus e um sonho. Cabia a ela acreditar e embarcar nessa aventura. Hoje, olhamos para trás e vemos o quanto valeu a pena ter acreditado em tudo que há tantos anos era apenas um sonho.

Quando falo em olhar para trás, digo isso porque entendo a importância do nosso passado. Acredito que nosso passado não é moradia, não podemos viver lá. Não dá para ficar chorando pelo leite derramado. No entanto, nosso passado precisa ser acessado como fonte de arquivo. É uma boa ideia dar uma passeada lá e ver que nossas atitudes nos trouxeram até o presente momento. Nós jamais colheremos algo diferente daquilo que plantamos, e isso nos ensina que nosso futuro também não será diferente se não aprendermos a plantar corretamente hoje.

Sempre haverá um tempo e, por mais que você só tenha plantado errado no passado (e isso te trouxe a um presente difícil), ainda dá tempo de mudar o futuro, modificando suas atitudes no presente. A questão é que os sonhos de Deus para sua vida estão completamente ligados às suas atitudes. Existem duas questões sobre sonhos aqui. A primeira é que a pessoa mais pobre do mundo é aquela que não tem um sonho, e a segunda é que a pessoa mais frustrada do mundo é aquela cujo sonho nunca se tornou realidade.

Provérbios 13:12 diz que: "A esperança que se adia faz adoecer o coração, mas o desejo cumprido é árvore de vida". Há um detalhe importante a ser observado: se os sonhos de Deus são bons e revigoram a alma, por que muitos desses sonhos acabam se tornando pesadelos? Vamos juntos aprender a não transformar sonhos em pesadelos!

Primeira lição: Você precisa aprender a acreditar em Deus, em você e no sonho de Deus para você.

Sempre que você tiver um sonho, aparecerão dois tipos de vozes. Uma dirá que você é capaz, que você conseguirá e que, por mais difícil que possa ser essa realização, ela não será impossível. A outra dirá que essa ideia é uma "viagem", que você não é capaz e que isso é coisa de quem não tem o que fazer.

Há muita gente ouvindo a segunda voz. Não são poucos os casos de pessoas que, ao compartilharem seus sonhos, acabam abrindo o coração e acreditando em tudo que essas pessoas dizem. Você precisa compreender que nem todo mundo quer o seu bem e nem todo mundo quer sonhar seus sonhos.

Ao ouvir a voz de Deus, Abraão obedeceu (Gênesis 12:1-3). Você não o vê comentando com todo mundo sobre a voz que ouviu, nem fazendo provas com Deus para ver se ele seria capaz de fazer o que Deus havia mandado. Acredito realmente que Deus não desperdiça sonhos. Se ele lhe deu um, é porque se sente capaz de realizá-lo.

Há muito tempo, Deus havia me dado alguns sonhos. Os anos se passaram, não foi fácil alcançá-los, mas todos os sonhos daquela época se cumpriram. E agora? Tenho aprendido que Deus nunca deixa alguém sem sonhos e sem alvos. Quando os sonhos iniciais se cumprem, ele vai ampliando o leque, mostrando os demais sonhos que juntos completarão o grande quadro do propósito.

Então, a ideia é que, se Deus cumpriu os sonhos antigos, ele não seria fiel para cumprir os novos? Sabe qual a diferença entre pessoas realizadoras e pessoas normais? É que todas receberam sonhos em seu interior, mas nem todos acreditaram neles.

Se a ideia de Deus é que você plante um bosque, ele jamais lhe dará algumas árvores, mas entregará a você algumas sementes. A pergunta que fica aqui é: o que você está fazendo com essas sementes? O que você está fazendo com aquilo que está dentro de você? Myles Munroe dizia que a maior tragédia do ser humano é ele morrer sem explorar todo o potencial que há dentro de si.

Explorar o potencial que Deus lhe deu exige trabalho. É por isso que é mais fácil dar desculpas e ouvir as vozes de que você realmente não é capaz. Abraão acreditou, pois tinha uma promessa que dizia: "Sê tu uma bênção! Abençoarei os que te abençoarem e amaldiçoarei os que te amaldiçoarem; em ti serão benditas todas as famílias da terra".

Dentro dessa promessa havia algo: "Em ti serão benditas todas as famílias da terra". Deus estava falando de gerações que viriam de Abraão, mas ele não tinha filhos e nem idade para gerá-los. Contudo, Abraão tinha tudo de que precisava: uma promessa e fé.

Acredito que você não precisa de dinheiro nem de reconhecimento humano para cumprir seus sonhos: você precisa apenas de uma promessa e acreditar nela.

Segunda lição: Para um sonho ser gerado, é necessário um pai e uma mãe. Todo projeto que venha de Deus precisa ser gerado dentro de alguém, e para que algo seja gerado, precisamos de um pai e de uma mãe.

O pai não é difícil de reconhecer, pois tudo procede de Deus, todo o mundo é obra de suas mãos. Deus criou os céus e a terra, os oceanos, a vegetação, os animais e os seres humanos; criou também os propósitos e os colocou no interior do homem. Deus criou você e os sonhos que estão aí dentro, mas, para que eles sejam gerados, você precisará de uma mãe.

Quem é a noiva de Cristo? A Igreja. Muitos sonhos não se realizam porque as pessoas acham que podem gerar sonhos sem uma mãe. Acham que, só porque conhecem o pai, Deus irá passar por cima das leis que ele mesmo criou. Todos nós precisamos de uma mãe, de uma igreja e precisamos de um lugar onde nossos sonhos começarão florescer.

Na igreja, pessoas orarão com você, acreditarão em você, mas também irão confrontá-lo com a verdade, e isso o fará crescer! Consequentemente, seus sonhos irão amadurecer e, no momento correto, você verá que aquilo que estava em seu interior se tornará realidade.

O problema acontece porque as pessoas se cansam da mãe, ou seja, se cansam de ir à igreja, das lições que aprendem lá, dos sermões... Cansam-se de pedir ajuda e começam a fazer as coisas sozinhas. No entanto, eu acredito que sonhos existem para serem gerados. Deus coloca o sonho dentro de uma pessoa, mas amadurecê-lo é o papel da mãe.

Terceira lição: Uma gestação dura tempo, jamais será do dia para a noite. Logo, precisamos aprender a ter paciência, pois não adianta parar na frente de uma mulher grávida e dizer: "Nasça, neném! Nasça, neném!". Você ficará gritando e nada acontecerá.

Abraão nos ensina a transformar sonhos em pesadelos. Deus havia prometido algo a ele. Seu trabalho era apenas acreditar e esperar, mas veja o que ele fez:

> Ora, Sarai, mulher de Abrão, não lhe dava filhos; tendo, porém, uma serva egípcia, por nome Agar, disse Sarai a Abrão: Eis que o Senhor me tem impedido de dar à luz filhos; toma, pois, a minha serva, e assim me edificarei com filhos por meio dela. E Abrão anuiu ao conselho de Sarai.
>
> Então, Sarai, mulher de Abrão, tomou a Agar, egípcia, sua serva, e deu-a por mulher a Abrão, seu marido, depois de ter ele habitado por dez anos na terra de Canaã. Ele a possuiu, e ela concebeu.
>
> (Gênesis 16:1-4)

Abraão poderia ter dito: "Querida, eu tenho uma promessa, e essa promessa diz respeito a nós dois. Nós dois teremos um filho, então, eu não vou ficar com outra mulher, não vou apressar os sonhos de Deus e não vou pegar um atalho em minha vida". Mas não. Em vez disso, ele simplesmente quis dar uma ajuda a Deus. Deus não precisa da nossa ajuda. Se ele prometeu, ele é fiel para cumprir (Números 23:19).

Sabe o que vejo nessa história? Que Abraão procurou outra mãe para seu sonho, e, assim como ele, há muitas pessoas que começam a trocar de mãe. Ficam um ano em uma igreja e, quando percebem que está demorando para tocarem no louvor, preferem procurar outra mãe. Ficam outro ano em outra igreja e acontece o mesmo, e mudam de novo. Ficam mais um ano e nada. De repente, envolvem-se no louvor de um lugar diferente do que Deus havia sonhado, sofrendo as maiores decepções, e dizem: "Deus, por que está sendo tão difícil cumprir o que o Senhor me prometeu?".

Sabe o que acontece? Essas são pessoas que estão querendo ajudar Deus. Acredito que, se essa pessoa tivesse esperado o tempo de gestação, estaria lá na primeira igreja, na primeira mãe, totalmente envolvido.

Mãe é mãe! Existem sonhos que Deus lhe deu e que serão gerados onde você está plantado, mas também existem outros que ainda não estão no tempo certo de se cumprirem. Saiba, porém, que todos os sonhos de Deus, mais dia ou menos dia, irão se cumprir.

Você não pode querer ajudá-lo. Não pode ficar mudando de lugar achando que isso resolverá seu problema; pelo contrário, só irá piorar a situação. Veja o que aconteceu na vida de Abraão:

> Agar deu à luz um filho a Abrão; e Abrão, a seu filho que lhe dera Agar, chamou-lhe Ismael. Era Abrão de oitenta e seis anos, quando Agar lhe deu à luz Ismael.
>
> (Gênesis 16:15,16)

Até aqui tudo bem, até porque o neném nasceu. Contudo, vejo pessoas querendo um lar, mas se contentam em ficar com o(a) namorado(a) e simplesmente ir morar com ele(a), mesmo não sendo o lar que Deus sonhou em dar. Querem um negócio, mas se contentam em não serem fiéis nem a Deus, nem ao governo, mesmo Deus sonhando com coisas maiores. Querem um ministério, mas se contentam em aparecer diante da igreja, mesmo que não seja o lugar com o qual Deus havia sonhado. Vejo pessoas se contentando com migalhas quando o que Deus sonhou são coisas maiores.

Você pode até começar a viver o que sempre sonhou, mas a diferença entre os seus sonhos e os sonhos de Deus é a duração. Um casamento fora de planejamento dura pouco, ou se dura, é um inferno. Um ministério fora daquilo que Deus sonhou dura pouco, e assim como vem, vai. O ministério que Deus sonhou lhe dar é algo duradouro, pois foi Deus que colocou isso em sua palavra.

Deus não quer que você apenas comece bem, e sim que termine bem o que começou (Eclesiastes 7:8). Todo o sonho de Deus pode até ser difícil no início. Dá trabalho acreditar e investir neles. Muitas vezes, você terá que caminhar sozinho, mas, acredite, um dia esse sonho vingará e você verá que os frutos serão permanentes.

Um dia, isso aconteceu na vida de Abraão (Gênesis 21:1-3). O Senhor cumpriu o que havia dito a ele? Sim! Mas no tempo determinado, ou seja, na velhice dele, e aqui aprendemos outra lição: o tempo de Deus sempre será o tempo de Deus.

Acredito que Deus não vê como nós. Muitas vezes, achamos que estamos preparados para receber as promessas dele, contudo, só Deus conhece o tempo certo de toda realização.

Alguns dizem: "Mas Deus, se não for agora, vamos perder!". Como já escrevi, Deus sabe de tudo, por isso não devemos nos desesperar. Outros dizem: "Mas Deus, se não casar agora, já era!". "Mas Deus, se não fizer agora, não terá como!". "Mas Deus, se eu não me mudar agora, não terei outra chance!". "Mas Deus, se eu não comprar isso agora, nunca mais verei essa promoção!". Mas Deus...

DA FRUSTRAÇÃO À REALIZAÇÃO

Quantos *mas* Abraão falou? Não importa, pois, independente da quantidade de *mas*, nada adiantou. No tempo certo, Isaque veio, e as promessas de Deus se cumpriram. E aqui aprendemos algo muito interessante: para quem soube esperar "o tempo certo", glória a Deus, pois não haverá empecilhos para desfrutar das promessas dele. Agora, para quem foi precipitado, a promessa também chegará, mas a pessoa terá que lidar com o fruto de sua *precipitação*.

Um dia, Abraão teve de tomar uma difícil decisão:

Isaque cresceu e foi desmamado. Nesse dia em que o menino foi desmamado, deu Abraão um grande banquete.

Vendo Sara que o filho de Agar, a egípcia, o qual ela dera à luz a Abraão, caçoava de Isaque, disse a Abraão: Rejeita essa escrava e seu filho; porque o filho dessa escrava não será herdeiro com Isaque, meu filho.

Pareceu isso mui penoso aos olhos de Abraão, por causa de seu filho.

Disse, porém, Deus a Abraão: Não te pareça isso mal por causa do moço e por causa da tua serva; atende a Sara em tudo o que ela te disser; porque por Isaque será chamada a tua descendência. Mas também do filho da serva farei uma grande nação, por ser ele teu descendente.

Levantou-se, pois, Abraão de madrugada, tomou pão e um odre de água, pô-los às costas de Agar, deu-lhe o menino e a despediu. Ela saiu, andando errante pelo deserto de Berseba.

(Gênesis 21:8-14)

O que foi isso? Você realmente acha que Abraão não chorou ao despedir seu filho? Você não acha que todos os dias Abraão não ficava pensando no que havia feito? Até porque agora não era só ele, e sim a mãe do menino e uma criança. Meu Deus!

Os erros da precipitação de Abraão ecoam até hoje. A briga dos judeus e árabes é fruto desse dia, e isso simplesmente porque Abraão quis ajudar a Deus.

Acredite no seguinte: os sonhos de Deus não podem habitar juntos com os seus. Um dia você terá de escolher, terá de abrir mão de um para viver o outro, pois os dois não poderão habitar no mesmo lugar.

Feliz daquele que optar por realizar os sonhos e planos de Deus para sua vida. Feliz daquele que for paciente e não quiser ajudá-lo. Feliz daquele que de repente agiu sem paciência, mas agora tem coragem de mandar embora as coisas antigas, os sentimentos antigos e as pendências passadas.

Deus não quer que você transforme seus sonhos em pesadelos, e a única forma de isso não acontecer é sabendo esperar o tempo de Deus e o tempo de gestação. É tendo paciência com a mãe dos sonhos. Tendo paciência com sua igreja, com seus líderes e pastores. É não atropelando a vontade de Deus. É não pondo o carro na frente dos bois. É aprendendo a ter domínio próprio, pois do que você mais precisa para que seus sonhos se tornem realidade é ter domínio próprio.

A carne irá gritar dizendo que é o tempo, mas seu espírito irá dizer: você sabe que ainda não é o tempo, simplesmente aguarde! Sabe por que isso? Porque, um dia, os sonhos de Deus serão testados em sua vida, e aqui entra a última lição: nada, nem seus sonhos, poderão ser maiores que seu amor a Deus.

> Depois dessas coisas, pôs Deus Abraão à prova e lhe disse: Abraão! Este lhe respondeu: Eis-me aqui!
> Acrescentou Deus: Toma teu filho, teu único filho, Isaque, a quem amas, e vai-te à terra de Moriá; oferece-o ali em holocausto, sobre um dos montes, que eu te mostrarei.
>
> (Gênesis 22:1,2)

Abraão poderia ter pensado: "Puxa, eu não tinha nenhum filho, hoje tenho dois! Mas, um foi embora, e o outro Deus me pede? O que é isso?". Entretanto, Deus estava ensinando algo para Abraão. Ele estava dizendo: "Abraão, o primeiro filho foi embora porque você foi precipitado, então não me culpe pela perda do primeiro".

Creio que Deus nos perdoará por nossos erros, porém, não podemos culpá-lo pelas consequências. Um exemplo é aquele que praticava o roubo. Deus perdoa o ladrão? Sim! Contudo, ele terá de pagar diante da sociedade.

Existem coisas que perdemos por pura falta de sabedoria. Isso aconteceu comigo, pois perdi uma casa há muitos anos por causa de dívidas adquiridas quando não tinha o mínimo de sabedoria para lidar com assuntos financeiros. A consequência foi ter que ficar por 12 anos pagando aluguel. Eu não podia culpar a Deus, pois o erro havia sido meu.

Então, o primeiro filho de Abraão foi "mancada" dele, agora o segundo era um teste. Por que Deus age assim? Para que os sonhos que ele colocou em nós não tomem o lugar dele em nossos corações. Abraão não pensou duas vezes para obedecer. E o que Deus fez?

> Então, lhe disse: Não estendas a mão sobre o rapaz e nada lhe faças; pois agora sei que temes a Deus, porquanto não me negaste o filho, o teu único filho.
>
> Tendo Abraão erguido os olhos, viu atrás de si um carneiro preso pelos chifres entre os arbustos; tomou Abraão o carneiro e o ofereceu em holocausto, em lugar de seu filho.
>
> E pôs Abraão por nome àquele lugar – O Senhor Proverá. Daí dizer-se até ao dia de hoje: No monte do Senhor se proverá.
>
> Então, do céu bradou pela segunda vez o Anjo do Senhor a Abraão e disse: Jurei, por mim mesmo, diz o Senhor, porquanto fizeste isso e não me negaste o teu único filho, que deveras

te abençoarei e certamente multiplicarei a tua descendência como as estrelas dos céus e como a areia na praia do mar; a tua descendência possuirá a cidade dos seus inimigos, nela serão benditas todas as nações da terra, porquanto obedeceste à minha voz.

Então, voltou Abraão aos seus servos, e, juntos, foram para Berseba, onde fixou residência.

(Gênesis 22:12-19)

Sabe o que vemos aqui? Que quando você se deixa "engravidar" pelos sonhos de Deus, Ele irá testá-lo, mas também provê-lo. Ele irá abençoá-lo e você viverá como nunca pensou em viver.

Então, voltou Abraão aos seus servos, e, juntos, foram para Berseba, *onde fixou residência*. (v.19, grifo do autor)

Fixar residência nos fala de sossego e segurança. Fala de nos sentirmos completos em um lugar.

Aprenda a não transformar os sonhos de Deus para você em pesadelos. Deixe que os sonhos sejam sonhos bons e que as lições deste capítulo o ajudem a viver de uma forma feliz e segura, pois esse é um dos sonhos de Deus para sua vida.

CAPÍTULO 10

ENTENDA O PROPÓSITO DE SUAS FINANÇAS

A vida de um homem não consiste na
abundância dos bens que ele possui.

Lucas 12:15

Neste capítulo, quero continuar a reflexão sobre o processo da realização. Digo isso porque você até pode evitar a frustração, mas essas atitudes não necessariamente o levam à realização. A prova disso é que muitos pessoas até não se frustram, contudo, nem todas se realizam.

Entre a frustração e a realização, existe um processo que deve ser vivido e vencido. Você e eu não fomos chamados para abandonar os processos em nossas vidas, e um exemplo claro disso é o povo de Israel.

Depois da morte de José, o Egito não se lembrou mais de tudo o que ele havia feito pelo país, então, o povo de Israel se tornou escravo dos egípcios. Deus levantou Moisés para marcar a história desse povo, e uma das primeiras ordens que ele deu a Moisés foi: "Assim diz o Senhor, Deus de Israel: Deixa ir o meu povo, para que me celebre uma festa no deserto" (Êxodo 5:1).

O desejo de Deus era que o povo, mesmo sendo escravo, saísse e fosse ao deserto celebrar uma festa e fazer uma oferta e um sacrifício ao Senhor. O que estava na mente de Deus? Bom, se o povo era escravo, então eles pensavam e agiam como escravos. A proposta de Deus era que eles deixassem de ser escravos e se tornassem conquistadores.

Com isso em mente, Deus começou um processo na vida deles, e isso envolveu o aprendizado de várias áreas. Só que todo esse processo levaria tempo, pois a mentalidade de escravos estava impregnada neles. Deus, então, os levou a um deserto. Hoje, podemos chamar esse deserto de processo.

> Recordar-te-ás de todo o caminho pelo qual o Senhor, teu Deus, te guiou no deserto estes quarenta anos, para te humilhar, para te provar, para saber o que estava no teu coração, se guardarias ou não os seus mandamentos.
>
> (Deuteronômio 8:2)

Há uma questão bem importante aqui. Você conhece a história e sabe que uma geração inteira teve que morrer nesse deserto, não entendendo a proposta de Deus, mas preferindo acomodar-se naquele ermo lugar. E tudo isso por causa da mentalidade de escravos que possuíam.

Uma mentalidade escrava prefere morrer no processo, no deserto, a se abrir para algo novo e romper com antigas cadeias. E como disse: entre a frustração e a realização, existe um processo que deve ser vivido e vencido. Pessoas que não vencem o processo são consideradas pessoas medíocres.

ENTENDA O PROPÓSITO DE SUAS FINANÇAS

Agora, qual a definição dada pelo dicionário à palavra medíocre? Significa "qualidade média, comum, modesto, sem expressão, sem originalidade, banal e passável. Uau! Medíocre é uma pessoa sem expressão e está aí uma definição que nós não deveríamos carregar. Por quê? Porque somos embaixadores de Cristo! (2Coríntios 5:20).

Um embaixador é uma extensão do seu país em terra alheia, e Deus nos chamou para ser sua extensão na terra. Como embaixadores, precisamos entender, suportar e vencer todo processo pelo qual Deus nos permite passar, porque o desejo dele é que, além de evitar a frustração, você seja uma pessoa repleta e realizada.

O detalhe é que todo processo é dolorido, pois Deus está, durante todo esse tempo, transformando uma mentalidade. Toda guerra começa na mente, por isso a Bíblia diz que não devemos nos conformar com este século, mas transformar-nos pela renovação da nossa mente (Romanos 12:2).

Se o segredo está em minha mente, pois a Bíblia diz que, assim como eu imagino em minha alma, assim eu sou, então nosso inimigo também sabe que é ali, na mente humana, que ele precisa focar todo o ataque. Precisamos entender que há uma batalha pelo controle de nossas vidas, e quem conseguir dominar sua mente dominará todo seu corpo, pois um pensamento tem o poder de gerar um sentimento, e esse sentimento se tornará uma ação. Qual a ideia do inimigo? Impedir-nos de conhecer as verdades que têm o poder de libertar nossas vidas (João 8:32).

Precisamos entender que a ignorância custa caro. Como pastor, tenho visto algumas pessoas frustradas pelo caminho por conta disso. Na igreja, temos ministérios que podem ajudar uma pessoa em todas as áreas em que ela esteja passando por dificuldades. Uma das áreas mais atacadas é a familiar, e para isso temos um ministério maravilhoso que, além de proporcionar cursos, também aconselha e está aberto para ajudar as famílias da igreja.

Contudo, existe uma área na qual a frustração só aumenta: finanças. Quantas pessoas "quebradas". Quantas pessoas que não prosperam ou não sabem administrar o que têm. Essa é uma área delicadíssima, pois não é a ausência de recursos o problema, e sim a falta de entendimento sobre esse assunto.

Perceba algo interessante: nem todo mundo gosta de ler, ouvir e aprender sobre vida financeira. Agora você tem uma escolha: ser mais um a se contentar com a média, fechar-se para esse ensino e morrer durante o processo, ou realmente se interessar como nunca, abrindo o coração e os ouvidos, pois a Palavra de Deus é viva, e quando ela encontra um coração receptivo, entra e faz frutificar a semente ali semeada.

Tenho aprendido que a vida com Deus é simples. O homem que não tem a intimidade com ele torna sua vida difícil. Quando vamos para a área financeira, acontece o mesmo. Ela é simples e tem princípios. A questão é que esses princípios são reais, contudo, se não forem praticados, não importará o tempo de conversão, os resultados não aparecerão. Já vi pessoas se fecharem para esse assunto e, como resultado, não conseguirem romper de maneira nenhuma na vida financeira.

Na realidade, todo assunto que você ignorar, irá fugir da sua vida. Escrevo isso porque acredito ser impossível receber de um assunto que ignoramos. Vamos entender o processo da realização em nossas vidas financeiras.

Aconteceu que, ao apertá-lo a multidão para ouvir a palavra de Deus, estava ele junto ao lago de Genesaré; e viu dois barcos junto à praia do lago; mas os pescadores, havendo desembarcado, lavavam as redes.

(Lucas 5:1,2)

Vemos aqui pescadores lavando as redes. O interessante é que um pescador só lavava as redes quando havia terminado o trabalho, e isso nos dá a entender que eles haviam desistido de tentar. O versículo 5 nos mostra que eles passaram a noite toda tentando pescar, mas não haviam obtido sucesso. Em outras palavras, esse havia sido um dia frustrante, um dia em que eles "jogaram a toalha".

De repente, apareceu Jesus na cena. O que consegui aprender com essa parte da história? Que Jesus gosta de aparecer quando pensamos em jogar a toalha. Quando isso acontece com a gente? Quando se joga a toalha? Quando tentamos, tentamos, e nada acontece.

Por exemplo: Você já tentou a restauração do seu casamento na sua própria força e ainda está mal. Já tentou a ascensão profissional usando sua inteligência, e nada. Já tentou prosperar usando métodos e viu que não deu em nada? É nesse momento que precisamos reconhecer que necessitamos de ajuda. Quando você reconhece que sua força e inteligência humanas não são suficientes, é exatamente nesse momento que ele aparece.

> Não por força nem por poder, mas pelo meu Espírito, diz o SENHOR dos Exércitos.
>
> (Zacarias 4:6)

Talvez você tenha jogado a rede e este livro chegou até você. Se é o seu caso, tenho uma ótima notícia: Deus te ama, e o fato de você estar lendo este capítulo é porque ele apareceu bem neste momento tão delicado em sua vida. Apenas continue aberto para aprender mais.

> E viu dois barcos junto à praia do lago; mas os pescadores, havendo desembarcado, lavavam as redes. Entrando em um dos barcos...
>
> (Lucas 5:2,3)

Uma lição importante aqui é que Jesus entrou em um dos barcos, ou seja, ele escolheu estar em um deles. Sabe, Jesus não entrou em minha vida por falta de opção, mas porque escolheu entrar no meu barco. Talvez você se sinta esquecido, mas há um texto que explica o que estou querendo dizer:

> Antes de tudo, pois, exorto que se use a prática de súplicas, orações, intercessões, ações de graças, em favor de todos os homens, em favor dos reis e de todos os que se acham investidos de autoridade, para que vivamos vida tranquila e mansa, com toda piedade e respeito.
>
> Isto é bom e aceitável diante de Deus, nosso Salvador, o qual deseja que todos os homens sejam salvos e cheguem ao pleno conhecimento da verdade.
>
> (1 Timóteo 2:1-4)

Você não está esquecido. De tantos livros que poderia estar lendo, você está exatamente lendo este. Deus trabalhou para que você estivesse lendo isso neste exato momento. A ideia que você precisa guardar em seu coração é que Jesus quer entrar em seu barco e fazer uma mudança significativa em sua vida.

Uma coisa é Jesus entrar no meu barco, outra bem diferente é permitir que ele use aquilo que me pertence. Quando nossa mentalidade muda e deixamos de pensar como escravos, começamos a ter uma mentalidade de Reino. A partir daí, passamos a compreender que nada é nosso; temos acesso a tudo, mas não somos donos de tudo.

Esse tem sido o problema da humanidade, um sentimento de posse do que não lhe pertence. Quando você entende o plano de Deus para sua vida, sua mente se abre para esse entendimento e percebe que, mesmo que tudo seja de Deus, ele nos deixa usufruir aqui na terra. Mas, para isso ocorrer,

ENTENDA O PROPÓSITO DE SUAS FINANÇAS

precisamos agir como bons mordomos, entendendo que tudo o que Deus tem nos dado serve para um propósito.

Quando uma pessoa não tem essa mentalidade, ela começa a ter um sentimento de posse, e esse sentimento cresce a ponto de se tornar uma cobiça. O problema é que a cobiça traz consequências (Provérbios 1:19).

> Em verdade vos digo que ninguém há que tenha deixado casa, ou mulher, ou irmãos, ou pais, ou filhos, por causa do reino de Deus, que não receba, no presente, muitas vezes mais e, no mundo por vir, a vida eterna.
>
> (Lucas 18:29,30)

O Reino de Deus não é um reino humano. Ele tem suas próprias leis, e uma delas tem a ver com a supervalorização do que você permite Deus usar. Jesus só usou o barco, e o resultado foi uma pesca maravilhosa.

Outra lei é a seguinte: Jesus jamais vai pedir para você seguir quem não tem nada. Você precisa entender que a vida com Deus não é um passe de mágica, portanto, não é porque Jesus entrou no seu barco que você não precisa mais sair para pescar. A proposta é que você jamais pesque da mesma maneira.

Haverá momentos difíceis, mas você nunca mais se sentirá sozinho. O problema acontece quando uma pessoa vê que Jesus entrou no barco e, então, para de produzir porque pensa: "Agora estou com Deus e está tudo certo".

Só que não está nada certo. A conversão é o início de um processo de transformação, não o fim. Se você não continuar crescendo, sofrerá consequências.

Por exemplo, se você não continuar amadurecendo como marido ou esposa, perderá sua família. Se você não continuar crescendo como pai ou mãe, perderá a conexão com seus filhos. Se você não continuar amadurecendo como profissional, o ímpio mais preparado tomará o seu lugar. É uma questão de estar com os cântaros cheios de água.

Em Lucas 5:4, Jesus diz a Pedro: "Faze-te ao largo, e lançai as vossas redes para pescar". A expressão "Faze-te ao largo" significa estar a uma distância considerável, a uma distância da terra firme e fora de um porto seguro. Em outras palavras, a lição aqui é a seguinte: Aprenda a ir a um lugar de dependência de Deus. Estamos falando de Fé. Em sua vida com Deus, não será do seu jeito, muito menos em sua matemática.

Quando você está longe de um porto seguro, é exatamente aí que Deus o ensina a praticar a única coisa que realmente chama a atenção dele. A Bíblia diz que sem fé é impossível agradá-lo. Não tem como dizer que temos fé quando nosso porto é seguro; por isso, Deus permite os processos em nossa vida para nos ensinar o que realmente é depender dele. Dependência não significa que você não terá que fazer nada; pelo contrário, pois andar em fé exigirá muito trabalho.

> Respondeu-lhe Simão: Mestre, havendo trabalhado toda a noite, nada apanhamos, mas sob a tua palavra lançarei as redes.
> Isto fazendo, apanharam grande quantidade de peixes; e rompiam-se-lhes as redes.
>
> (Lucas 5:5,6)

Há um detalhe nesse texto. Sendo eles pescadores, suas redes eram a única coisa que não podia se romper. Era responsabilidade deles cuidar das redes. Sabe qual a aplicação prática para nós? É que todo mundo gosta quando Jesus aparece no momento em que se está prestes a jogar a toalha, quando ele entra no barco e não fica devendo nada para ninguém. Muitos até permitem que Deus use o que lhes pertence e amam se jogar em um lugar de dependência, mas nem todos se preparam para receber as bênçãos que ele dá.

Alguns dizem: "Pastor, eu não quero as bênçãos de Deus, quero apenas Deus". Como você pode dizer que quer Deus, se você rejeita o que ele tem para você? O que não podemos é fazer das bênçãos dele o nosso foco. Nosso foco é — e sempre será — a presença dele. Agora, se ele tem preparado algo para mim, é falta de honra dizer que eu não quero. Precisamos ser humildes e aceitar.

Humildade é isto: não querer ser mais do que você nasceu para ser, nem querer ser menos do que seu real propósito de vida. Muitas pessoas querem a realização, mas não estão preparadas, suas redes estão fracas. Esse é o motivo pelo qual faço inúmeros cursos na igreja, o motivo de tanto investimento nessa área. A questão é que essa oportunidade tem sido dada a todos, mas nem todos querem aproveitar.

Agora, o fato de muitos não aproveitarem a oportunidade dos cursos que a igreja oferece não anula o fato de estarmos fazendo a nossa parte; e não anula o fato de que estamos trabalhando para fortalecer nossas redes.

Tenho visto pessoas crescerem ali, mas também tenho visto pessoas fracassarem. Qual a diferença? A dedicação em fortalecer as redes.

Você nunca colherá aquilo que não tiver plantado. Então, como você plantará de uma maneira satisfatória se não tem fortalecido suas redes? Deixe-me fazer uma pergunta: o que você tem feito para fortalecer suas redes?

Em Lucas 5:7, aprendemos que, se você fizer sua parte e fortalecer suas redes, as bênçãos de Deus sobre sua vida serão tão abundantes que você terá que dividir. Mas há um detalhe aqui: o versículo diz que ambos os barcos quase foram a pique. Em outras palavras, muitas pessoas estão fazendo sua parte e fortalecendo suas redes, mas estão se aliançando com quem não está preparado. Quantos perderam o que Deus estava fazendo em sua vida porque entraram em sociedades que Deus nunca pediu para entrar. Quantos perderam as bênçãos de Deus porque fizeram amizades com pessoas que, no máximo, deveriam apenas cumprimentar e falar do

DA FRUSTRAÇÃO À REALIZAÇÃO

amor de Jesus. Quantos perderam suas famílias simplesmente porque permitiram que pessoas despreparadas espiritualmente tivessem acesso à sua intimidade. Então, aprenda uma grande lição: não queira compartilhar com quem não está preparado.

Como já escrevi neste capítulo, o Reino de Deus tem suas regras, e uma delas diz que nós iremos colher aquilo que semearmos. Lembre-se de que a qualidade da sua vida depende de quem você chama de amigo.

Você lembra que entre a frustração e a realização existe um processo? Sua atitude e sua resposta durante o processo são importantíssimas. Os dois discípulos não tinham pescado nada e foram para a abundância, tiveram uma pesca maravilhosa, certo? Mas algo acontece lá na frente.

> Falavam ainda estas coisas quando Jesus apareceu no meio deles e lhes disse: Paz seja convosco!
>
> Eles, porém, surpresos e atemorizados, acreditavam estarem vendo um espírito.
>
> Mas ele lhes disse: Por que estais perturbados? E por que sobem dúvidas ao vosso coração? Vede as minhas mãos e os meus pés, que sou eu mesmo; apalpai-me e verificai, porque um espírito não tem carne nem ossos, como vedes que eu tenho.
>
> Dizendo isto, mostrou-lhes as mãos e os pés. E, por não acreditarem eles ainda, por causa da alegria, e estando admirados, Jesus lhes disse: Tendes aqui alguma coisa que comer?
>
> Então, lhe apresentaram um pedaço de peixe assado [e um favo de mel].
>
> (Lucas 24:36-42)

Aprendi que mais vale o fim das coisas do que seu início, ou seja, uma coisa é eu ganhar algo, outra é conseguir permanecer com aquilo que se ganhou. Quantas pessoas ganham um bom dinheiro, mas, em questão de

ENTENDA O PROPÓSITO DE SUAS FINANÇAS

pouco tempo, o dinheiro some. Porque não entendem esse princípio. Os discípulos tinham ido do nada para a abundância e, agora, depois de um tempo, Jesus aparece e pede algo para comer. Então, eles lhe oferecem um pedaço de peixe assado (v. 42).

Prestem atenção! Não era nem um peixe inteiro, era um pedaço de peixe assado. Eles deram para Jesus o que não servia para eles, o que sobrava. Com essa atitude, eles foram da abundância para as migalhas. Muitas pessoas desfrutam do favor de Deus, veem suas mãos e observam que suas vidas mudaram drasticamente. Então, começam a oferecer a Deus, que foi o promotor dessas bênçãos, migalhas, um pedaço de peixe assado.

No entanto, Jesus aceitou aquele resto e comeu na presença deles (v. 43). Por que Jesus aceitou o resto? Vamos entender, pois é algo que vai mudar sua vida. No texto anterior, Jesus havia os deixado com multidões de peixes e, agora, a ingratidão os levou às migalhas.

Sabem por que muita gente sofre na vida financeira? Porque não entendem e não querem se abrir para entender. Mas hoje você está tendo a oportunidade de entender sobre um assunto tão importante em nossas vidas.

> Então, lhes abriu o entendimento para compreenderem as Escrituras; e lhes disse: Assim está escrito que o Cristo havia de padecer e ressuscitar dentre os mortos no terceiro dia e que em seu nome se pregasse arrependimento para remissão de pecados a todas as nações, começando de Jerusalém. Vós sois testemunhas destas coisas. Eis que envio sobre vós a promessa de meu Pai; permanecei, pois, na cidade, até que do alto sejais revestidos de poder.
> Então, os levou para Betânia e, erguendo as mãos, os abençoou. Aconteceu que, enquanto os abençoava, ia-se retirando deles, sendo elevado para o céu.
>
> (Lucas 24:45-51)

DA FRUSTRAÇÃO À REALIZAÇÃO

Quando você estuda o original, vê que Jesus não parou para orar aqui, mas a Bíblia está dizendo que, enquanto ele ia subindo, ia abençoando. Então, aqui está a resposta da pergunta que fiz atrás. Por que Jesus aceitou comer o resto? Porque a bênção estava no ato de comer com eles. Em outras palavras, a grande lição neste ponto é: Jesus não o abençoa quando ele lhe dá algo, mas quando ele recebe algo de você. Ao receber, ele comeu e os abençoou, contudo, a Bíblia diz que tudo o que você plantar, irá colher.

Lembra que os discípulos estavam lavando as redes, pois não haviam pescado nada? Jesus apareceu e os fez ter uma pesca maravilhosa, mas agora, por causa da ingratidão, eles vão da abundância para as migalhas.

> Disse-lhes Simão Pedro: Vou pescar. Disseram-lhe os outros: Também nós vamos contigo. Saíram, e entraram no barco, e, naquela noite, nada apanharam.
> Mas, ao clarear da madrugada, estava Jesus na praia; todavia, os discípulos não reconheceram que era ele.
>
> (João 21:3,4)

Aqui você percebe que Jesus não aparece no barco, e sim na praia. Creio que Deus é um Deus de chances.

Ele realmente quer o nosso bem. Então, ele sobe no barco, faz milagres e se assenta para comer, mas, quando percebe que a ingratidão aumenta, ele continua falando, só que, dessa vez, ele fala de uma maneira que exigirá maior atenção. Da praia, Jesus faz uma pergunta: "Filhos, tendes aí alguma coisa de comer? Responderam-lhe: Não" (v. 5).

Observe a sequência: eles foram do nada à abundância, depois da abundância às migalhas e, agora, das migalhas para o zero, pois não entenderam sobre o poder da gratidão e da generosidade.

146

Sabe qual a questão? É que, se Jesus tivesse participado da abundância, eles jamais chegariam às migalhas. Contudo, Deus é um Deus da segunda chance.

> Então, lhes disse: Lançai a rede à direita do barco e achareis. Assim fizeram e já não podiam puxar a rede, tão grande era a quantidade de peixes.
>
> Aquele discípulo a quem Jesus amava disse a Pedro: É o Senhor! Simão Pedro, ouvindo que era o Senhor, cingiu-se com sua veste, porque se havia despido, e lançou-se ao mar; mas os outros discípulos vieram no barquinho puxando a rede com os peixes; porque não estavam distantes da terra senão quase duzentos côvados.
>
> Ao saltarem em terra, viram ali umas brasas e, em cima, peixes; e havia também pão. Quando eles veem Jesus fazendo novamente o que já havia feito no início, ficaram maravilhados.
>
> (João 21:6-9)

Quando eles chegam, Jesus já tinha peixe e pão prontos para comer. A lição aqui é que, quando eu chego com meus peixes, os dele já estão assando. Em outras palavras, ele não precisa do que você tem, ele só vai receber para poder abençoá-lo.

O versículo 10 diz que Jesus pediu para eles trazerem alguns dos peixes que haviam acabado de pescar, mas se já havia comida ali, por que ele fez esse pedido? Jesus sabia o que tinha acontecido na primeira vez. Eles foram do nada para a abundância, da abundância para as migalhas e das migalhas para o zero. Agora, Jesus está querendo ajudá-los a não perderem como na primeira vez. Logo, a ideia de Jesus é protegê-los.

Algo extraordinário vem agora: o versículo 11 nos mostra que Pedro entrou no barco e arrastou a rede para a terra, cheia de 53 grandes peixes, e, mesmo sendo tantos, a rede não se rompeu! A lição por trás de tudo é: Rede fraca significa as pessoas que negligenciam a parte que é de Deus. Negociam e negligenciam. Será questão de tempo para que essas redes estourem. Então, ter rede fraca é ser alguém que negocia com Deus.

Em contrapartida, rede forte é aquele que está preparado para receber o que Deus tem para fazer. Deus é o Deus da segunda chance e do perdão. Ele pode perdoar todo o tempo em que você não se abriu para esse entendimento; a única questão é que agora você foi exposto a uma verdade, e a verdade, uma vez exposta, trará consequências. Que tal deixar de viver na média e construir redes fortes, capazes de reter o que Deus tem para você?

Se você não quer apenas evitar o estresse e a frustração, mas deseja se encontrar com a realização, a prática dos princípios deste capítulo faz parte do processo.

CAPÍTULO 11

ENTENDA O PROPÓSITO DA SUA HISTÓRIA

Os céus e a terra tomo, hoje, por testemunhas contra ti,
que te propus a vida e a morte, a bênção e a maldição;
escolhe, pois, a vida, para que vivas, tu e a tua descendência.

(Deuteronômio 30:19)

Nesses últimos capítulos, vimos que evitar a frustração não signi-fica, necessariamente, alcançar a realização. Entre a frustração e a realização existe um processo que deve ser vivido e vencido. Você e eu não fomos chamados para abandonar os processos em nossas vidas, então, para que uma pessoa se realize, ela precisa entender esses processos.

No capítulo anterior falamos sobre a importância de nossas finanças durante esse caminho. Neste, vamos aprender o propósito de nossa história com relação ao processo rumo à realização de nossas vidas.

Quem não conhece o propósito de sua vida tem uma grande chance de se frustrar no meio do caminho, porque, quando não se conhece o "todo", qualquer situação delicada é tida como esse "todo". Isso acontece quando as pessoas colocam um ponto final onde Deus só colocou uma vírgula, por isso é tão importante aprender sobre o propósito que Deus tem para nós.

Sempre disse que, quanto mais próximo de Deus estivermos, mais claro ficará esse propósito. Isso nos mostra que a realização na vida de uma pessoa não se dá pelos bens que ela possui — a Bíblia já dizia isso em Lucas 12:15!

Portanto, a realização de uma pessoa consiste em escrever sua história dentro de um propósito, e é sobre isso que se trata este capítulo.

Nossa história é construída por meio dos acontecimentos passados e daquilo que fazemos no presente, e a soma desses dois pontos afetará totalmente nosso futuro. Por mais que Deus conheça toda nossa história, não necessariamente a viveremos, porque ele jamais obrigará alguém a viver a vontade que ele tem para essa pessoa. Deus sempre irá propor sua vontade, mas a decisão de seguir essa vontade cabe a cada um de nós.

Temos uma opção: continuar vivendo na nossa força e continuar colhendo o que vivemos, ou realmente entregar nosso caminho ao Senhor e ver as mudanças que ele pode proporcionar em nossas vidas.

Para que possamos tomar a melhor decisão, vamos estudar a história de um homem que escolheu a segunda opção e entender quais atitudes ele tomou para que fosse alguém tão importante na Bíblia e para nós: Josué.

Quando Moisés saiu do Egito com milhares de pessoas, Josué era apenas mais um na multidão; no entanto, ele era um homem que sempre entendeu seu propósito em Deus e, por isso, pôde escrever uma história que nos inspira até hoje. Essa é a diferença entre quem entende seu propósito e quem deixa a vida passar sem descobri-lo.

Há pessoas que, poucos dias depois de sua morte, não são mais lembradas. Para outros, é até um alívio a morte de alguns. Em contrapartida, existem pessoas cujas memórias duram semanas ou até meses. A memória de Josué, no entanto, é viva até hoje, mais de 5.000 anos após seu nome ser mencionado na Bíblia. Esse homem, no meio da multidão, entendeu que deveria agir de acordo com seu propósito.

Moisés era o homem por trás da saída do povo de Israel do Egito e aquele que falava e recebia diretamente as direções de Deus para o povo. Aonde ele estava, Josué estava também. Quando o Senhor pediu a ele para subir ao monte, Moisés ficou 47 dias ali — sete dias até Deus o chamar e quarenta dias recebendo as direções do Senhor. Sabe o que aconteceu com Josué? Ficou esperando todo esse tempo.

Vejo em Josué um homem paciente, o que nos traz uma lição: *você jamais escreverá uma história de realização se não for alguém que saiba trabalhar a paciência em sua vida.* Muitos estão se frustrando porque estão atropelando o tempo das coisas, e muitos ainda não entenderam que há momentos em que o melhor a fazer é esperar.

Uma vez ouvi de um grande homem de Deus: "Biga, quer escrever uma história de obediência a Deus? Então fique sempre na última direção que ele te deu. Não invente história. Não queira ajudar Deus. Aprenda a esperar".

Josué ficou 47 dias lá. Nos sete primeiros, esteve na companhia de seu mentor, mas nos 40 seguintes ficou sozinho. E o que estava acontecendo no arraial do povo? Bom, foi nesse tempo que o povo fez um bezerro de ouro para poderem chamar de "Deus".

O mesmo povo que tinha acabado de sair da escravidão — sim, o povo que viu o poder de Deus por meio das pragas atingir os egípcios e poupar o povo de Israel; e viu o mar Vermelho se abrir e depois fechar e engolir os soldados egípcios — começa, agora, a adorar outro deus. O que os levou a tamanha loucura?

DA FRUSTRAÇÃO À REALIZAÇÃO

> Mas, vendo o povo que Moisés tardava em descer do monte, acercou-se de Arão e lhe disse: Levanta-te, faze-nos deuses que vão adiante de nós; pois, quanto a este Moisés, o homem que nos tirou do Egito, não sabemos o que lhe terá sucedido.
>
> (Êxodo 32:1)

É exatamente a mesma palavra que poupou Josué de estar no meio deles: paciência. Enquanto Josué foi paciente em aguardar Moisés, a falta de paciência fez com que o povo se esquecesse das maravilhas de Deus e começasse a adorar outro deus, feito pelas próprias mãos. Daqui tiramos a seguinte lição: *a paciência tem o poder de nos livrar da ingratidão.*

Toda vez que uma pessoa "troca os pés pelas mãos" e faz algo (porque ela simplesmente deseja) sem orientação alguma, essa pessoa vai acabar pisando na bola com Deus, e isso irá manchar sua história. Se Moisés não tivesse intercedido pelo povo, Deus iria exterminá-los.

> Falava o SENHOR a Moisés face a face, como qualquer fala a seu amigo; então, voltava Moisés para o arraial, porém o moço Josué, seu servidor, filho de Num, não se apartava da tenda.
>
> (Êxodo 33:11)

Josué estava o tempo todo ao lado de Moisés e ao lado da presença de Deus. Por essa razão, Moisés estendeu as mãos a ele e Josué se tornou o que se tornou (Deuteronômio 34:9).

Acredito que sempre haverá uma conexão de ouro providenciada por Deus para que você chegue onde deve chegar. Josué se tornou o líder que conhecemos porque se aproximou dessa conexão que Deus tinha colocado em seu caminho.

Saiba que sempre haverá alguém que Deus irá usar para o conectar ao seu propósito. O detalhe é que você poderá ter duas atitudes diante dessas

ENTENDA O PROPÓSITO DA SUA HISTÓRIA

pessoas. A primeira é criticá-las, pois geralmente essas pessoas serão aquelas que terão um certo destaque em algum lugar, e quando você é visto, você se torna alvo de tudo: comentários, elogios, críticas e mentiras. A outra atitude é fazer como Josué e servi-los.

Entenda o seguinte: não quero dizer para você ser um "puxa-saco" de sua autoridade, pois há uma grande diferença aqui. A história mostra que há duas maneiras de se estar entre os grandes: ser grande ou servir o cafezinho. Davi só foi o que foi porque serviu a seu pai e depois serviu a seu rei. Josué só foi o que foi porque serviu a Moisés.

A lição é que a falta de humildade e o orgulho têm afastado muita gente de suas conexões de ouro. Reflita se essa atitude não o tem afastado das pessoas de quem você jamais deveria ter saído do lado.

Comentei tudo isso sobre Josué no intuito de situar você a respeito de quem ele era. Agora eu começo especificamente o capítulo, tendo em vista todo esse pano de fundo e também que a história é escrita através do passado, das atitudes presentes e do futuro de uma pessoa.

Josué foi uma pessoa que soube escrever uma grande história. Olhando para sua vida, fica a pergunta: Quais características me ajudarão a escrever uma grande história também? Quais características irão me ajudar a escrever uma história de realização e de impacto na minha geração? Entenda que tanto ele quanto Calebe viveram à frente dos seus contemporâneos.

Os dois estavam à frente porque sabiam das promessas que Deus havia feito e também sabiam das consequências da obediência a Deus. Eles viram a terra que Deus havia prometido, mas também viram os desafios que precisavam enfrentar e tudo o mais que os outros dez que voltaram também viram.

Contudo, sempre veremos o mundo segundo nossa lente, e nossos pés só chegarão aonde nossos olhos forem primeiro. Os dez espias tinham a visão nas dificuldades; Josué e Calebe tinham a visão nas promessas. Os dez espias tinham a visão em suas fraquezas; Josué e Calebe tinham a visão na força de Deus. O resultado? Somente Josué e Calebe entraram na terra da promessa. Qual a lição aqui? Só pessoas que vivem à frente do seu tempo conseguem viver o que acreditam.

Qual outra característica? Josué viveu acima das circunstâncias. Quando o povo não quis ouvi-lo, Josué sabia que "daria ruim" para o povo, tanto é que ficaram 40 anos no deserto. Ele também sofreu junto, mas não desistiu de andar com o povo, de estar ao lado de Moisés e não desistiu do seu sonho.

Quantas pessoas hoje em dia desistem do que Deus prometeu porque estão vivendo dias difíceis. Eu gostaria de saber onde foi que Deus prometeu que só teríamos dias fáceis. Ele nunca disse isso, mas sim que jamais nos deixaria sozinhos. Essa é a questão! Mesmo no meio de um povo que não acreditava no mesmo que ele, Josué conseguiu guardar seu coração.

Essa disposição de encarar dias difíceis o fez seguir Moisés, substitui-lo, conquistar a poderosa Jericó e atravessar o rio Jordão com milhares de pessoas. Como ele conseguiu realizar esses feitos? Simplesmente porque sabia encarar situações desafiadoras. Acredito que quem não aguenta desafios jamais viverá a totalidade de seu propósito. Agora, porque Deus o ama, ele permite pequenos desafios e, conforme eles vão sendo vencidos, outros maiores surgem. Tudo isso tem a finalidade de prepará-lo para o cumprimento de um propósito.

Josué também viveu mais profundamente do que suas calamidades. Ele tinha a promessa de que iria conquistar a terra prometida, e eles realmente obtiveram uma grande vitória em Jericó. Mas o capítulo 7 de Josué conta a história de como o povo pisou na bola com Deus e como eles perderam a batalha em Ai. Sabe o que aconteceu? Na cabeça de Josué, poderia estar passando os seguintes pensamentos. "Poxa, não acredito! Eles sabem o que aconteceu com seus pais sabem que eles não entraram na Terra Prometida por causa da desobediência a Deus e, mesmo assim, fazem tudo de novo?! Não acredito!".

Hoje em dia, isso acontece quando essa frase sai da sua boca: "DE NOVO?". Sim, muitas vezes iremos dizer isso, principalmente quando pessoas caem nos mesmos erros do passado e quando situações sobre as quais achamos já termos vencidos retornam com força.

Nesse momento, você precisa levantar a cabeça, olhar para cima, buscar forças em Deus e continuar sua história. Não podemos nos dar ao luxo de desistir. Deus conta com seu povo, conta comigo e conta com você. Simplesmente viva mais profundamente do que suas calamidades.

Outra característica de Josué foi que ele viveu além de suas capacidades. Com a morte de Moisés, ele foi escolhido para ser o novo líder do povo de Israel (Josué 1:1-11). Minha pergunta é: o que levou um servo apenas contar com o favor de Deus e comandar um grande exército? Sua história. Ele teve um humilde começo. Talvez muitos tenham rido de suas atitudes leais a Moisés, mas ele continuava ali, apenas servindo e aproveitando cada momento do presente para continuar escrevendo um futuro brilhante. Sua influência foi tão grande que a Bíblia declara o que aconteceu depois de sua morte.

> Depois destas coisas, sucedeu que Josué, filho de Num, servo do SENHOR, faleceu com a idade de cento e dez anos.
>
> Sepultaram-no na sua própria herança, em Timnate-Sera, que está na região montanhosa de Efraim, para o norte do monte Gaás.
>
> Serviu, pois, Israel ao SENHOR todos os dias de Josué e todos os dias dos anciãos que ainda sobreviveram por muito tempo depois de Josué e que sabiam todas as obras feitas pelo SENHOR a Israel.
>
> (Josué 24:29-31)

DA FRUSTRAÇÃO À REALIZAÇÃO

Uau! O povo continuou servindo a Deus depois da morte de Josué e enquanto viveram os anciãos que andavam com ele. A pergunta que fica é: você acha que Josué foi uma pessoa realizada? Claro que sim! Porque a verdadeira realização está no cumprimento de um propósito.

Acredito fortemente que você não nasceu para ser um frustrado, e sim para ter uma vida cheia de realizações. O problema é que talvez você pense que realização tem a ver com a quantidade de dinheiro ou influência pessoal, mas não! A realização está em andar na estrada do seu propósito.

Para que você possa experimentar isso, é necessário que viva à frente daqueles que só reclamam da vida. Viva acima das circunstâncias. Viva mais profundamente do que suas dificuldades. Viva além das suas capacidades, pois sua força não está no quanto você pode oferecer para Deus, mas no quanto Deus tem liberdade de transformá-lo e de usá-lo.

CAPÍTULO 12

ENTENDA A IMPORTÂNCIA E O VALOR DO TEMPO

Tudo tem o seu tempo determinado,
e há tempo para todo propósito debaixo do céu.

Eclesiastes 3:1

Vamos relembrar os últimos capítulos. Para que uma pessoa se sinta realizada, ela precisa entender esses processos, isto é, precisa entender o desenvolvimento e o propósito de suas finanças, de sua história e do seu tempo.

Não é de hoje que comento sobre a importância de se entender esse assunto. Gosto de relembrar a ocasião quando Jesus, com 12 anos de idade, estava conversando e respondendo às perguntas que os doutores da lei faziam a ele. Jesus sabia o motivo do seu envio a terra e jamais teve problemas em relação ao seu propósito.

Agora, também podemos perceber que Jesus nunca desperdiçou seu tempo. Ele foi preciso e, em três anos de ministério, fundou sua igreja que dura mais de 2.000 anos e não para de crescer. O detalhe é que tudo isso começou com apenas 12 colaboradores. Não há dúvidas da precisão de Jesus, contudo, quando ele está ali, algo acontece.

Jesus era uma pessoa que sabia o que fazer, mas que também soube esperar o tempo certo para fazer o que era o certo, tanto que seu ministério só teve início aos 30 anos. Muitos se perdem na vida não porque não têm uma visão, mas porque atropelam o tempo do cumprimento dessa visão.

Para entrarmos nesse assunto, quero ir até o livro de Juízes e estudar a vida de Gideão. O contexto do livro é o seguinte: havia uma promessa de paz ao povo de Israel se eles estivessem andando debaixo das leis que Moisés havia deixado. A questão é que esse povo tinha o prazer de descumprir as leis, e, como qualquer lei, toda ação leva a uma reação. Cada vez que o povo se desviava dos caminhos de Deus, os inimigos tinham livre acesso e traziam opressão a eles. E é justamente nesse contexto que aparece um homem chamado Gideão.

> Então, veio o Anjo do Senhor, e assentou-se debaixo do carvalho que está em Ofra, que pertencia a Joás, abiezrita; e Gideão, seu filho, estava malhando o trigo no lagar, para o pôr a salvo dos midianitas.
>
> (Juízes 6:11)

Vemos aqui um homem que estava sofrendo junto com seu povo. Ele não estava isolado de todo ataque, e o que me prova isso é o fato de que ele estava malhando trigo no lagar.

O lugar para malhar trigo se chamava eira, se fosse um lugar aberto, e lagar, se fosse um local fechado. Na eira, o vento podia passar para que no momento de jogar o trigo para o alto as impurezas fossem separadas. No lagar, uma cisterna feita na rocha que e ficava em locais escondidos, escuros e de acesso restrito, o alimento ficava protegido de um possível saque dos inimigos, e é ali que Gideão malhava o trigo. Percebemos aqui um homem prudente, pois, enquanto o povo estava pensando apenas no alívio que Deus poderia dar a eles, Gideão estava trabalhando para esse fim.

Qual foi a ideia dele? Se eu quero liberdade para o meu país, vou ter que estar forte e, para isso, precisarei de alimentos. Vejo aqui um homem que sabia identificar os momentos e os tempos. Eram dias difíceis? Sim! Eram dias em que não importava o que se plantasse, os inimigos vinham e destruíam tudo, minando as forças do povo.

E o que você vê aqui? Que todos queriam alívio, queriam viver em paz e estavam cansados da forma como os midianitas estavam oprimindo a nação. Mas a questão é que, de todo o povo, Deus procurou justamente quem estava agindo de acordo com sua fé. Sabe qual lição fica para nós? Que todos querem vencer o estresse e a frustração; muitos querem encontrar a realização, mas nem todos estão dispostos a acreditar que a realização só chega à vida de quem não desiste no meio do processo.

Uma das formas de compreender o processo da realização é entender que sua fé será testada pelo tempo. Existem pessoas que até conseguem sonhar. Outros até dizem que têm fé, mas, com o tempo, os sonhos mudam e a fé já não é mais a mesma. Com isso, suas atitudes se tornam incoerentes com suas palavras.

Se você é alguém que vive mudando de planos, de ideias e de sonhos, então o tempo está provando que sua fé não é suficiente para suportar os momentos que precedem a realização de um sonho.

Todo sonho terá um processo, e todo processo durará mais tempo do que você imagina. Então, a questão não é se eu tenho fé, mas se eu sustento minha fé durante os processos de Deus em minha vida. O que estou querendo dizer é que as coisas jamais serão do nosso jeito nem em nosso tempo.

Se eu tivesse conquistado tudo que sonhei no tempo em que eu queria, talvez não estivesse escrevendo este livro. Talvez teria atropelado tudo. Hoje eu vivo em cima de muitos sonhos que tive anos atrás, mas a questão é que eles vieram no tempo de Deus, ou seja, no tempo certo.

Agora, qual é o tempo de Deus? O tempo depois do amadurecimento. Por ter criado a humanidade, ele conhece o ser humano melhor do que qualquer especialista e sabe que para tudo há um tempo. Há tempo de esperar, há tempo para crescer e há tempo para amadurecer. A questão é que minha fé precisa estar ciente de que tudo terá seu tempo.

Sabe por que um aluno de medicina no primeiro ano não pode operar? Porque ele não está preparado, e sem preparo não há credibilidade. Você realmente deixaria um aluno operá-lo? Você deixaria um aluno de odontologia fazer um tratamento em seus dentes? Você colocaria a vida dos seus filhos nas mãos de um aluno, em vez de colocar nas mãos de um especialista?

As respostas são óbvias! E se é óbvio no mundo natural, também é no espiritual. Gideão está crendo, mas também está agindo com inteligência, equilíbrio e estratégias. Para que alcancemos as realizações que Deus tem para nós, temos de agir assim também. E, para que isso aconteça, você precisa ter o controle da sua agenda, e não ser controlado por ela.

Sabe qual a parte mais interessante aqui? É que o anjo de Deus só se aproximou de Gideão. Em outras palavras, ele só se aproximou de quem estava agindo com estratégia e de quem estava protegendo o que Deus estava dando. Se você quer ver Deus agindo em sua vida, aprenda a proteger o que ele tem lhe dado.

Ele lhe deu sua família, portanto, proteja-a. Ele lhe deu sua profissão, então, proteja-a sendo o melhor no que você faz. Ele lhe deu o privilégio de de poder chamá-lo de Pai, portanto, não desperdice seus dias sem ter um momento a sós com Deus. Tudo isso porque há um segredo aqui: quando você aprende a agir com prudência e inteligência, respeitando o tempo das coisas, então você começa a entender como Deus o vê.

O caminho para a realização de uma pessoa está em entender seu propósito de vida, e esse propósito está escondido em seu Criador. Eu jamais faria o que faço se não tivesse mergulhado em oração, buscando a Deus. Quando você entende que Deus tem um propósito para sua vida e você dá a devida atenção a ele, sua identidade é firmada.

Nesse momento, não importa muito o que dirão de você nem como você mesmo se vê, mas Deus revelará como ele o vê. Como posso afirmar isso? Primeiro, Gideão poderia estar sendo chamado de medroso por seus compatriotas, pois estava malhando o trigo escondido. Por mais que essa fosse sua estratégia de proteção, não havia garantia de que todos o entenderiam, mas a Bíblia nos mostra como Gideão se via.

> Então, se virou o Senhor para ele e disse: Vai nessa tua força e livra Israel da mão dos midianitas; porventura, não te enviei eu? E ele lhe disse: Ai, Senhor meu! Com que livrarei Israel? Eis que a minha família é a mais pobre em Manassés, e eu, o menor na casa de meu pai.
>
> (Juízes 6:14,15)

Não dá para saber o que levou Gideão a ter tão baixa autoestima. Contudo, Deus deixou claro que não era assim que ele o via.

Você sempre terá duas saídas na vida: enxergá-la através de seus olhos, lembrando que eles são limitados, ou enxergá-la de acordo com o prisma de Deus, sendo que com ele até o fraco se torna forte. Deus é especialista em confundir pessoas, em usar gente que não é para confundir quem acha que é alguma coisa.

Deus escolheu as coisas loucas do mundo para envergonhar os sábios e escolheu as coisas fracas do mundo para envergonhar as fortes; e Deus escolheu as coisas humildes do mundo, e as desprezadas, e aquelas que não são, para reduzir a nada as que são.

(1Coríntios 1:27,28)

Entenda que, mesmo que os dias estejam sendo difíceis para você, isso não significa que você é fraco ou um fracassado, apenas que é um momento de aprendizado que você está vivendo. Deus continua vendo que dentro de você há um vencedor.

Gideão nos ensina algumas coisas:

- ele agiu com prudência e inteligência;
- sua fé suportou o teste do tempo;
- ele entendeu sua real posição ao ouvir que Deus o via como alguém forte e valente;
- ele aprendeu que tudo começa em casa.

Quando Gideão tem sua identidade firmada em Deus e entende seu chamado para libertar o povo, você não o vê atropelando o tempo nem tentando conquistar a confiança de toda a nação para cumprir o que Deus o havia incumbido. Pelo contrário!

Todo processo de realização na sua vida vai começar com pessoas que estão próximas a você. Foi com a ajuda de dez pessoas que estavam próximas a Deus que Gideão destruiu o altar de Baal (Juízes 6:27).

Sabe qual o problema? É que aquele que está perto sente mais rápido o mau hálito. Em outras palavras, as pessoas de perto sabem realmente se você está comprometido com suas convicções.

Hoje em dia não faltam convicções. Há muitas pessoas convictas por aí. O que falta é comprometimento com essas convicções e coerência entre a fala e a vida. É exatamente por esse motivo que Noé conseguiu colocar na arca sua esposa, seus filhos e noras, porque ele falava sobre uma arca que precisava construir e uma chuva que viria, e toda manhã ele pegava martelo, prego e madeira. Ele acreditava em seu propósito e venceu no teste do tempo, pois continuou acreditando mesmo depois de muitos anos, e isso convenceu quem estava mais próximo a ele.

Entenda que a realização na vida de uma pessoa está completamente ligada àqueles que ele consegue atrair para perto. Eu e você não teremos todos os talentos para realizar uma missão. Deus fez com que fosse assim. Ele distribuiu a cada um segundo sua própria capacidade (Mateus 25:15).

Cada um de nós tem uma capacidade, mas alguns não estão nem perto de usar o que têm dentro de si, e isso é um erro. Outros não entenderam que, mesmo que seus talentos sejam enormes, eles só se completarão com as pessoas que trouxer para perto. Quem não sabe trabalhar em equipe também está errando, pois a realização não se dá quando se ganha uma batalha, e sim quando se vence a guerra, e a guerra só se vence com uma equipe, um time e um exército.

Gideão começou com dez pessoas que estavam ao seu lado. Porém, mais adiante, você percebe que ele não tinha o apoio só dos dez, pois havia tanta gente o apoiando que Deus teve que mandar alguns para casa. Vamos ao texto:

> Então, Jerubaal, que é Gideão, se levantou de madrugada, e todo o povo que com ele estava, e se acamparam junto à fonte de Harode, de maneira que o arraial dos midianitas lhe ficava para o norte, no vale, defronte do outeiro de Moré.
>
> Disse o SENHOR a Gideão: É demais o povo que está contigo, para eu entregar os midianitas nas suas mãos; Israel poderia se gloriar contra mim, dizendo: A minha própria mão me livrou.

Apregoa, pois, aos ouvidos do povo, dizendo: Quem for tímido e medroso, volte e retire-se da região montanhosa de Gileade. Então, voltaram do povo vinte e dois mil, e dez mil ficaram.

Disse mais o SENHOR a Gideão: Ainda há povo demais; faze-os descer às águas, e ali tos provarei; aquele de quem eu te disser: este irá contigo, esse contigo irá; porém todo aquele de quem eu te disser: este não irá contigo, esse não irá.

Fez Gideão descer os homens às águas. Então, o SENHOR lhe disse: Todo que lamber a água com a língua, como faz o cão, esse porás à parte, como também a todo aquele que se abaixar de joelhos a beber.

Foi o número dos que lamberam, levando a mão à boca, trezentos homens; e todo o restante do povo se abaixou de joelhos a beber a água.

Então, disse o SENHOR a Gideão: Com estes trezentos homens que lamberam a água eu vos livrarei, e entregarei os midianitas nas tuas mãos; pelo que a outra gente toda que se retire, cada um para o seu lugar.

(Juízes 7:1-7)

Meu Deus! Como um homem que nem se via como alguém forte conseguiu ter tanta gente ao seu lado, acreditando em sua visão, que Deus teve que mandar alguns embora? Vejo que Gideão soube respeitar o tempo de cada coisa. Enquanto era o tempo de proteger a família, ele o fez, malhando trigo no lagar e cuidando da família com prudência e inteligência.

Aprenda a não negligenciar sua família. Se é tempo de se dedicar a ela, aja com inteligência e administre sua agenda. Quando for para ficar com eles, esteja 100% ali. Quando chegou a hora de suportar o teste do tempo, ele também o fez e continuou agindo conforme sua fé, mesmo diante de dias tão difíceis de escravidão.

Eu realmente não sei em que tempo você se encontra, mas sei de uma coisa: se você deixar de acreditar no que acredita e permitir que as dificuldades apaguem sua fé, com certeza não chegará a lugar nenhum.

Quando chegou a hora de entender quem ele era em Deus, Gideão também o fez. Ele não agiu de acordo como ele se via, mas de acordo como Deus o via. Gideão se via como o menor de sua casa, mas Deus o via como um guerreiro forte e valente. Ele agiu de acordo com a fé que Deus tinha nele e, assim, livrou o povo de Israel da escravidão (Juízes 8:28).

Não será na sua força que você alcançará seus sonhos em Deus, mas na força daquele que o fortalece, que o conhece mesmo antes de você ter nascido e que colocou talentos dentro de você que estão loucos para serem explorados e liberados.

Quando chegou o tempo de conquistar confiança, Gideão o fez por meio daqueles que estavam próximos a ele. Aprenda a não se isolar. Não tente fazer as coisas sozinho. Não pense que Deus irá cumprir o que lhe prometeu se você viver isolado em uma cabana.

Há pessoas que Deus separou para ajudar você, e, como líder de sua própria vida, cabe a você identificá-las e gerar confiança por meio da coerência entre sua fala e sua vida.

O processo de realização é longo e, muitas vezes, dolorido, mas com certeza, o levará a vencer não apenas algumas pequenas batalhas, mas grandes guerras.

CONCLUSÃO

Chegamos ao final de mais um livro. Se você chegou até aqui, é porque entendeu que Deus jamais o chamou para ser uma pessoa frustrada e estressada. Na verdade, você foi chamado por ele para ter vida, e vida em abundância.

A vida abundante não está ligada a uma vida sem desafios a serem vencidos, pois, Jesus jamais prometeu uma vida sem situações adversas. Contudo, ele nos fez uma promessa tremenda:

> Estas coisas vos tenho dito para que tenhais paz em mim. No mundo, passais por aflições; mas tende bom ânimo; eu venci o mundo.
>
> (João 16:33)

Há uma vida cheia de aventuras para ser vivida. Há uma vida maravilhosa esperando por você. Ela, porém, ela não está no caminho mais fácil, e sim no mais desafiador. As pessoas que entenderam isso e em vez de "chutar o balde" colocaram em prática os passos para evitar o estresse e a frustração são aquelas que ou já se encontraram com a realização, ou estão na estrada que conduz a ela.

Hoje posso dizer que vivo os melhores dias da minha vida. Tenho visto muitas coisas acontecerem. No entanto, nada tem acontecido sem seu devido desafio. A carga emocional em cima de um líder espiritual (alguém que foi levantado para ajudar pessoas), se não compreendida, tem tudo para transformá-lo em um líder frustrado, estressado e desanimado.

O que estou querendo dizer é que, antes de este livro chegar às suas mãos, essas lições foram aplicadas por mim, e o resultado é que, mesmo tendo tantos desafios, tantas pessoas para cuidar, tantos filhos para criar, tantos sonhos para conquistar e tantas cobranças em minhas costas, jamais estive tão motivado, saudável e apaixonado por tudo isso.

Ou seja, quando aplicamos esses passos, saímos de uma estrada de "estagnação" e começamos a caminhar em uma estrada que nos conduz à realização.

Acredite, é possível! Tudo o que você precisa para ser uma pessoa realizada está em Deus! Ele é suficiente! Todas as ferramentas para que você seja conhecido como uma pessoa que venceu o estresse, venceu a frustração e está vendo a realização em todas as áreas de sua vida estão disponíveis nele.

Espero que este livro possa produzir em você o que produziu em minha vida, pois todas as lições foram escritas quando eu estava precisando aplicar cada uma delas, e algumas nos momentos mais desafiadores.

Acredite, não foi fácil viver cada capítulo, mas, como já havia dito: "No final, tudo sempre dá certo!"

Faça sua parte! Não desista! Continue caminhando e colocando em prática tudo o que você aprendeu. Se necessário, leia novamente, pois o resultado dessa aplicação é maravilhoso. Eu vivo isso e posso lhe dizer: é real!

Que Deus continue te abençoando!

MARCELO BIGARDI

Este livro foi impresso pela Lisgráfica, em 2019, para a Thomas Nelson Brasil. O papel do miolo é pólen bold 90g/m² e o da capa é cartão 250 g/m².